努尔哈赤陵及清祖陵

历史之谜

徐鑫◎著

辽宁人民出版社

©徐　鑫　2016

图书在版编目（CIP）数据

努尔哈赤陵及清祖陵历史之谜 / 徐鑫著. —沈阳：
辽宁人民出版社，2016.7（2020.6重印）
ISBN 978-7-205-08636-7

Ⅰ.①努…　Ⅱ.①徐…　Ⅲ.①陵墓—史料—中国—清代　Ⅳ.①K928.76

中国版本图书馆CIP数据核字（2016）第156680号

出版发行：辽宁人民出版社
　　　　　地址：沈阳市和平区十一纬路25号　邮编：110003
　　　　　电话：024-23284321（邮　购）　024-23284324（发行部）
　　　　　传真：024-23284191（发行部）　024-23284304（办公室）
　　　　　http://www.lnpph.com.cn
印　　刷：龙口市新华林文化发展有限公司
幅面尺寸：170mm×240mm
印　　张：14.25
字　　数：225千字
出版时间：2016年7月第1版
印刷时间：2020年6月第2次印刷
责任编辑：赵维宁
装帧设计：先知传媒
责任校对：王晓秋　等
书　　号：ISBN 978-7-205-08636-7
定　　价：36.00元

前　言

陵墓，历史的记忆

在清朝历史上，能称得上最伟大政治家和军事家的，无疑是清朝的第一位皇帝——努尔哈赤，史称清太祖高皇帝。

努尔哈赤，又称努尔哈齐、弩尔哈齐，姓爱新觉罗，出生于明朝东北地区的女真族之家，先人当过明朝建州卫的指挥使。童年时的他生活清苦，备受继母虐待，但也因此锻炼了果敢刚毅的性格。成年后他投靠明朝总兵李成梁，作战勇敢，屡立战功。后来借助十三副铠甲，以替父祖报仇名义起兵，通过战争不断征服和兼并女真族其他部落。因既要征战，又要劳作，于是他创立了八旗制度，还创制了满文。他统一女真族各部后，在老家赫图阿拉建城称"汗"，建立后金国，年号"天命"，建立起与明朝对峙的地方政权。又以"七大恨"为借口，发动与明朝的战争，通过战争，占领了辽东地区，并迁都沈阳，由此奠定了大清国的基业。宁远战役失败后，在疗养返回沈阳途中病死，死后葬在沈阳之东二十里的浑河北岸石嘴头山上，陵寝被称为"福陵"。

这里需要解释的是，现在国内有一些清史学者称"努尔哈齐"为"努尔哈赤"。这个称呼原本是明朝政府对他的称呼，甚至有时称之为"奴儿哈赤""李成梁雏畜哈赤"等。很明显这些称呼都带有恶毒的贬义和仇意，民国时这种民族歧视并没有因为清朝的灭亡而消失，而是继续存在。努尔哈赤是大清王朝奠基人，同时也是中国历史上一位做出开创性历史贡献的重要政治人物，理应得到现代社会的认可。更何况现在我们国家坚持各民族平等、团结、互助、共同繁荣发展政策，大力弘扬民族文化，就更不应该对他再持有民族偏见，而应该尊重其历史地位，因此就应该使用清朝官方对他的正式称呼。福陵神功圣德碑碑文上称他为"弩尔哈齐"，清朝官书中也都称之为"弩尔哈齐"或"努尔哈齐"，清朝皇室玉牒中记载为 Nugaci，后来定本《清实录》称他为"努尔哈齐"，这才是清朝官方所承认的他的标准名字。然而，自民国以来，几乎所有的国内著作都称呼他为努尔哈赤，约定俗成，故此本书还是采用大家熟悉的这个名字——努尔哈赤。

传奇的人物必然有着传奇的故事，以及身后传世的不朽建筑——陵墓。

本来，努尔哈赤的生和死就给人们留下了过多的谜团，然而他死后的陵墓——福陵，无论是在历史上还是现在，留给人们的谜团则是更多。福陵位于沈阳之东二十里的浑河北岸石嘴头山上，建于后金天聪三年（1629）。精美的建筑，以它独特的建筑艺术和富有传奇的历史内涵，呈现给人们一幅厚重的历史画卷。福陵独特的风水，则将陵寝建在高山之上；奇特的建筑和规制，则是长长的一百零八级台阶、城堡式的方城，以及方城内无序的建筑；福陵祔葬人物均出身富贵，一生坎坎坷坷、风风雨雨，其或享尽荣华，或凄惨离世，却都映射出历史的波澜起伏。祔葬人物之一孝慈高皇后叶赫那拉氏孟古，出身贵族，基于政治目的，十四岁时嫁给了努尔哈赤，由于特殊的政治环境，临死不能见到生母，死后先是葬在家中，后葬入尼雅满山岗祖陵（即今永陵），又改葬到东京陵，直到福陵建好后，才迁往福陵与努尔哈赤合葬。祔葬人物之二大妃乌喇那拉氏阿巴亥，十二岁时嫁给努尔哈赤，生育三子，颇受恩宠，却因政治原因被迫为努尔哈赤殉葬，而死后却在清朝官方档案中失载而沉寂于历史烟云之中。

作为福陵的附属建筑——福陵妃园寝，由于历史原因，目前仅存遗址，但它在历史长河中的辉煌和价值，依旧是那么的重要，人们在寻古探幽凭吊的同时，发现那里依旧隐藏着很多的历史故事和历史秘密。

本来，东京陵的建立目的，就是作为后金政权的祖陵，当时从尼雅满山岗祖陵迁葬有两位先人皇帝等多人，其中包括努尔哈赤的孝慈高皇后。但在福陵建成后，由于孝慈高皇后等人的迁走，东京陵开始衰败。而随着其他的一些先祖皇帝也陆续迁回尼雅满山岗祖陵，东京陵的级别也由皇帝陵降为亲王、贝勒园寝，最终成为皇族的普通家族墓地。

之所以将一些人迁回永陵，一来说东京陵的风水并不好，二来说永陵那里本来就是努尔哈赤最早埋葬先人的地方，并且那里还葬有清朝追尊的最早的祖先皇帝。而"永陵"这个名称是顺治十六年（1659）才开始有的，之前它叫尼雅满山岗即赫图阿拉祖陵。回迁之后，永陵就葬有清朝追尊的四位祖先皇帝。虽然永陵没有称奇的风水，但奇特的简朴建筑和规制，以及还葬有两位家族成员，以至于它被研究者称为家族式帝陵，又因为它是清朝最早营建的皇陵，因此又被称为清朝皇陵的祖陵。

对于以上这些历史和陵墓，往往人们惊叹于古人建筑之美的同时，也在细细品读历史演变的过程，即陵墓的演变，体现着最真实的历史，它是一部看得见、摸得着的历史。

笔者在前辈专家学者研究的基础上，通过查找档案和实地调查，认真梳理了相关的历史，希望通过介绍和解读清初陵寝的修建、建筑特点和规制演变，诠释和还原那些被人忽视和淡忘的历史，传承历史，以史为鉴。

本书介绍的陵寝包括沈阳福陵及福陵妃园寝、辽阳东京陵和新宾永陵等四座。

为什么这本书在介绍福陵、福陵妃园寝之后，还介绍了东京陵和永陵呢？其原因有四：

一、由于档案缺少和笔者知识所限的缘故，本书中介绍福陵和福陵妃园寝内容较少，为了填补一些内容，因此有必要增加介绍一些与福陵有关的陵墓。而与福陵有直接或间接关系的，只有东京陵和永陵。

二、在福陵出现之前，东京陵就是努尔哈赤建的第二座祖陵，当时努尔哈赤的祖父、父亲，大伯父、五叔父、胞弟，以及他的大福晋等就被迁葬于此。后来由于福陵的出现，努尔哈赤的皇后、福晋们被迁往福陵，努尔哈赤的祖父、父亲、伯父、叔父等又被迁回尼雅满山岗祖陵，因此东京陵逐渐走向衰败并最后降格为诸王贝勒家族陵墓。

三、永陵为努尔哈赤最初营建的祖陵，初称尼雅满山岗祖陵，其祖父、父亲等人葬于此陵。当初努尔哈赤的孝慈高皇后死后也曾葬在这里。营建东京陵之后，将祖父、父亲，以及自己的大福晋等多人由永陵迁葬东京陵。而当福陵建好后的顺治年间，努尔哈赤的祖父、父亲、大伯父、五叔父等人又被迁回永陵。

四、永陵和东京陵也是清朝皇陵中不可缺少的重要组成部分。作为笔者所撰写的清朝陵寝历史之谜的系列，这两座陵寝是必须要写上并加以介绍的，但如果单独将这两座陵寝写为一部书稿，目前可利用的历史档案、可写内容容量都是极为有限的。而这两座陵寝，在历史上的地位不仅重要，而且与福陵都有着直接关系。因此，笔者将这两座陵寝的介绍也融入福陵历史之谜这部书稿之中。

目　录

序章

努尔哈赤死亡之谜

明天启六年（1626），即后金天命十一年八月十一日，怀有射日壮志的后金大汗——努尔哈赤，在沈阳以东四十里的瑷鸡堡悄然死去，在位十一年，享年六十八岁。

努尔哈赤半身朝服像

关于努尔哈赤的死，《清太祖高皇帝实录》上有这样的记载：

（七月）癸巳（二十三日），上不豫，幸清河坐汤。八月庚子朔，丙午（初七日），上大渐，欲还京，乘舟顺太子河而下。使人召大妃来迎，入浑河。大妃至，溯流至瑷鸡堡，距沈阳四十里。庚戌（十一日），未刻，上崩。在位凡十一年，年六十有八。

从清朝官方档案的记载看，努尔哈赤似乎死于正常的疾病，而且从发病到病重再到死亡，仅十八天，并且是在疾病加重后才乘船返回沈阳的，但还是死在了半路之上，只是没有记载是何病。于是有人认为，如果努尔哈赤是死于正常的疾病，那么清朝官方档案记载中就完全没有必要隐瞒努尔哈赤的死因。因为无论多么高贵的人，都会生病，也都会因病死亡的，这也不是什么见不得人的丑事。而如果死亡病因被隐瞒了，其中就涉嫌有不可告人的秘密。并猜测其死亡原因有两种可能：

一、努尔哈赤死于政治谋杀。二、努尔哈赤死于伤口感染。

　　基于上述两种可能，于是，清朝官方档案为了隐瞒努尔哈赤的这段不光彩的历史而不敢明言其死亡原因，只用"上不豫""上大渐"等一笔带过。对于以上两种说法，由于目前史料的记载都将努尔哈赤的死亡指向疾病，因此，努尔哈赤死于政治谋杀的可能性基本被排除。那么，他的死因就只有疾病这一种原因了。

　　本来，人之死因，可以简单归纳为以下几种：一是正常的死亡，如病死、衰老死等；二是意外死亡，如事故受伤死亡、他杀、自杀等；三是生理、心理劳累死亡，如疲劳死、忧郁死等。但由于清朝官方档案对努尔哈赤的死因进行了隐晦，令人讳莫如深，于是人们对努尔哈赤的死因产生了质疑，并对他的死因提出了两种主流说法，即正常病死说和受伤致死说。

　　一、正常病死说。这种说法主要来自明朝和朝鲜档案的一些记载。

　　明朝辽东左都督、平辽总兵官毛文龙在《东江疏揭塘报节抄》中记载：

　　　　八月初二日，急归报臣：老奴背生恶疮，带兵三千，见在威宁堡狗儿岭汤泉洗疮。

　　《明熹宗实录》记载有明朝辽东督师王之臣、辽东巡抚袁崇焕的疏报：

　　　　四乡络绎皆云，奴酋耻宁远之败，遂蓄愠患疽，死于八月初十日（应为十一日）。

　　朝鲜《李朝仁祖实录》记载：

　　　　七月间得肉毒病，沐浴于辽东温井（泉），而病势渐重，回向沈阳之际，中路而毙。

另外，朝鲜人罗万甲在《丙子录》中记载："建州虏酋奴儿赤，疽发背死。"明末学者沈国元在《两朝从信录》中记载："老奴酋疽发背死。"明末清初学者彭孙贻在《山中闻见录》中亦记载："建州国汗，疽发于背疽。"

以上记载，称努尔哈赤因背部得了"恶疮"，或"疽"，或"肉毒病"，所以致死。目前，这种说法属于主流。

虽然笔者对"恶疮""疽""肉毒病"是否为同一种病不能判定，但认为，如果仅仅是因为患有一种病的缘故，清朝官方就在档案记载中只说"坐汤"治疗，而不提是什么病的话，似乎其中又隐瞒了什么。也就是说，如果努尔哈赤真患有其中的一种病而死，是有可能的。但导致努尔哈赤患上这种病的原因，才是更加值得思考探究的事情。因为经过在网上查询"疮""疽""肉毒"等字词之后发现，它们的病因大都与感染有关系，"疮""疽"是指皮肤感染，"肉毒"是指伤口感染。那么，是什么病灶引起的感染呢？笔者个人判断，这多半与伤口感染有关。因此笔者认为，如果简单地说努尔哈赤死于正常生病，似乎过于简单了些，还应该适当地挖掘生病的根源。这就牵涉到努尔哈赤死因的第二种说法，受伤致死说。

二、受伤致死说。此说法又分为两种，一种是死于炮伤；另一种是死于偷袭受伤。

1. 死于炮伤说。这种说法主要是来自明朝和朝鲜的史料记载。

《明熹宗实录》中记载的兵部尚书、蓟辽经略高第的奏报：

> 奴贼攻宁远，炮毙一大头目，用红布包裹，众贼抬去，放声大哭。分兵一枝，攻觉华岛，焚掠粮货。

明末清初学者张岱在《石匮书后集·袁崇焕列传》中记载：

> 炮过处，打死北骑无算，并及黄龙幕，伤一裨王。骑谓出兵不利，以皮革裹尸，号哭奔去。

朝鲜人李星龄在《春坡堂日月录》中记载：

> 翌朝，见贼拥聚于大野一边，状若一叶。崇焕即送一使，备物谢曰："老将横行天下久矣，今日见败于小子，岂其数耶！"奴儿哈赤先已重伤，及是具礼物及名马回谢，请借再战之期，因懑恚而毙云。

于是，有人据以上记载分析，明朝军队所炮毙的那个"大头目"或所伤"裨王"就是努尔哈赤。因为炮击伤此人后，八旗兵不仅裹着尸体哭着退兵，而且还对明朝的觉华岛进行了报复性的攻击，以此找回一些丢失的面子。因为只有努尔哈赤这样级别的"大头目"受伤，才可能令八旗兵在炮击之后，裹其"尸"而哭着退兵，并立刻发起报复性的惩罚。又因有朝鲜人李星龄在《春坡堂日月录》中明确记载努尔哈赤是在进攻宁远城时受重伤，并因"懑恚"而最终死去。因此更有人坚信，努尔哈赤在宁远城战斗中，被明军的西洋大炮击伤。西洋大炮射程远、威力大，是善于杀伤骑、步兵的利器。

然而，有人对于努尔哈赤在宁远城受伤之事提出质疑，认为明军与后金军的宁远城之战中，努尔哈赤不大可能受伤，其理由有二：

理由一：如果努尔哈赤在宁远城之战中受伤，作为宁远城的最高统帅，袁崇焕应该最先知道，而且应该将此作为自己的战功上报给朝廷，一来邀功，二来鼓舞士气。而实际上，袁崇焕在上报朝廷的奏疏中，并未提及努尔哈赤受伤。

理由二：宁远城之战到努尔哈赤死亡时，有八个月的时间差距。在这八个月期间的史料记载中，并没有提及努尔哈赤治病。不仅如此，其间努尔哈赤却仍然在"整修舟车，试演火器"，还到"远边射猎，挑选披甲"。并且，努尔哈赤还在天命十一年（1626）四月亲率大军征蒙古喀尔喀；五月为防备毛文龙进攻鞍山而回师沈阳；六月出城十里迎接蒙古科尔沁部的鄂巴洪台吉来朝。

因此，努尔哈赤在宁远城之战中受"重伤"之说，值得怀疑。

对于努尔哈赤在宁远城之战中是否受伤，笔者认为，从以上记载来看，既不能断定努尔哈赤肯定受伤，但也不能否定，其理由有二：

其一：不能肯定努尔哈赤受伤，理由如下。

如果说努尔哈赤在宁远城之战中受伤，最先获得其受伤信息的应该是袁崇焕，这可就真有一些强人所难。在两军交战之际，战场上炮火硝烟，乱箭齐射，能看到远处有一"大头目"受伤，就已经很不容易了，不可能像有望远镜那样，能看清楚受伤"大头目"是谁。试想，当初努尔哈赤在鹅儿城追杀仇人尼堪外兰时，发现城外四十余人中有一人头戴毡帽，身穿青绵甲，也只是怀疑是尼堪外兰，当时现场没有炮火硝烟都不能确定那头戴毡帽之人就是尼堪外兰，更何况是硝烟弥漫的宁远城战场呢！那还有必要再去质疑袁崇焕为什么没有看清受伤的"大头目"是不是努尔哈赤了吗？如果质疑努尔哈赤受伤部位，仅从"背生恶疮"或得"肉毒病"来看，并不能肯定努尔哈赤受伤部位就是在背部，但也不能否定。而且在硝烟弥漫的两军作战中，更不可能准确断定背部是否受伤。所以，也只能推测宁远城之战中努尔哈赤有受伤的可能，受伤部位有可能是背部等情况。

其二：也不能否定努尔哈赤受伤，理由如下。

如果说努尔哈赤回到沈阳后，仍然在令人"整修舟车，试演火器"，甚至还到"远边射猎，挑选披甲"，这也不足为奇。这只能说明努尔哈赤还在时刻备战，准备再次发兵，并不能说明他此时没有受伤。而且虽然在此之前的记载中没有记载其受伤，但也有可能是因为努尔哈赤聪慧之极，为稳定军心，从大局出发，故意用备战行动来掩盖受伤的消息。这种做法在战争中完全是有可能的。比如当初讨伐明朝、发布"七大恨"之前，努尔哈赤还在以给诸王建马圈为由掩盖制作装备所需要的伐木行动。所以，即使努尔哈赤真的受伤，也不可能将此事张扬并记载之。如果说努尔哈赤还在天命十一年（1626）四月亲征蒙古喀尔喀和六月出城迎接蒙古科尔沁部的鄂巴洪台吉，笔者只想说明一句，这两件重大军政活动事件在《满文老档》中并没有记载。没有记载的原因，也许这恰恰说明当时努尔哈赤或因受伤未愈而在休养生息进行调理。之所以受伤八个月之后才死亡，也许是因为受伤后的治疗时好时坏，本来心情就不好，急火攻心，后来又有可能伤口受到感染而最后致死。所以，努尔哈赤在宁远城之战中受伤一事，目前也只能暂时先保留这一看法。

2.死于偷袭受伤的说法。这是民间的猜测。这种说法说的是辽东东江部队的小股游击队发起对努尔哈赤的突然袭击，导致努尔哈赤受伤，后来伤口感染生病致死。辽东东江游击队大部分由一批与八旗兵有着血海深仇的辽东原住汉人组成，他们是明朝辽东左都督、平辽总兵官毛文龙从八旗兵屠刀下救出的汉人幸存者，他们憎恨八旗兵，只要能杀仇敌，往往不惜牺牲自己。而且这些人对辽东地形比八旗兵还要熟悉，所以才能孤胆深入八旗兵腹地开展游击战争。由于努尔哈赤平时出行，不大可能身边总是跟随大批的亲兵卫队，所以当他们袭击了包括努尔哈赤在内的小股八旗兵后，虽然知道在袭击中致使对方的一个"头目"受伤，但他们和毛文龙一样，在对八旗兵的袭击中总是败多胜少，因此并没有将此事上报给毛文龙，所以毛文龙也就未能知道努尔哈赤在自己下属的袭击中受伤这件事情。而且他们也未必敢肯定和知道这位受伤的"头目"就是努尔哈赤。

对于努尔哈赤在出行过程中受到游击队袭击的说法，笔者除了颇感新奇之外，第一感觉就是不靠谱。历来，八旗兵的彪悍和英勇都是有记载的，游击队的战斗力绝对不是八旗兵的对手，加上努尔哈赤身边总是有勇猛的将士护卫，即使受到袭击，受伤的可能性也基本没有，因为努尔哈赤和他的八旗兵，除了战斗力外，他们的智商也不低，知道如何保护好自己的主帅。

现在，在这两种主流说法之外，还有一种非主流的说法，即努尔哈赤死于伤口感染疾病。这种说法等于是认可努尔哈赤在宁远城之战中受伤，但由于并没有及时治愈，因此伤口感染并发展为一种新的疾病——蜂窝组织炎。而史料中记载的努尔哈赤所患的"痈疽"症（中医概念）就是现代医学上所称的蜂窝组织炎。

蜂窝组织炎，简单地说就是一种皮肤伤口的细菌感染（常见的有链球菌、葡萄球菌、大肠菌、嗜肉菌等），当细菌感染已经侵犯到皮肤皮下脂肪层，因为皮下脂肪本身的排列方式就有点像蜂窝，所以这类炎症又称为蜂窝组织炎。

中医的"痈疽"概念，不等同西医"痈疽"的概念。在按照中医关于痈疽的定义是："毒疮中，多而广的叫痈，深的叫疽。"这样的毒疮被现代医学解释为皮肤的毛囊和皮脂腺成群受细菌感染所致的化脓性炎，病原菌多为葡萄球菌或链球菌。痈发于肌肉，红肿高大，多属于阳症；疽发于骨之上，平塌色暗，多属于阴症。因此，现代医学中的蜂窝组织炎完全可以被归入中医"痈疽"的概念。事实上，蜂窝组织炎可由局部化脓性感染灶直接扩散经淋巴、血流传播而发生。而从受伤引发的局部感染发展为急性蜂窝组织炎，其时间可以很漫长的。

因此，努尔哈赤在宁远城之战中中炮受伤，随后又受到袁崇焕的冷言讥讽，大为上火。回到沈阳后又没有注意休息和调理（笔者注：抗生素出现之前只能如此），而是耿耿于怀，心生仇恨，心情郁闷。加上他长年驰骋疆场，鞍马劳累，本来就年迈体衰的身体，致使伤口不易愈合而导致感染。又由于不懂病理，努尔哈赤带着"痈疽"病不仅远征，还"得肉毒病，沐浴于辽东温井（泉）"，因此导致病灶感染快速扩散恶化，最终死于败血症。因此，归根结底，炮伤是令努尔哈赤死亡的罪魁祸首。当时，为了掩盖努尔哈赤在"西洋大炮"炮轰下受伤，达到稳定军心的目的，清朝官方档案隐瞒主帅伤亡情况也是正常的，这种做法直到现在也还是中外战争兵法中惯用的手法。

笔者对这种看法颇感兴趣并认可，支持努尔哈赤在宁远城之战中受伤后致死这种说法，即清朝官方档案为了隐瞒努尔哈赤在战斗中受伤并死于伤口感染这段不光彩的历史而不敢明言其死因。

纵观清朝历史，不仅努尔哈赤的死亡没有明确记载病因，就是后来的皇太极、顺治帝、康熙帝、雍正帝、嘉庆帝、同治帝和光绪帝等，人们对他们的死亡，或因档案记载不清，或因对其记载原因存在质疑，都被认为是历史之谜。所以，本不复杂的努尔哈赤之死，由于各种史料记载上的差异，以及清朝官方档案记载上的缺失，这都足以令人们对史料的真实性和事实真相产生怀疑。因此，努尔哈赤的死亡真相在今后的日子里还会继续争论下去。

努尔哈赤死后，他的"皇帝"尊号是皇太极，改"汗"称"皇帝"、改国号"大金"，为"大清"之后追尊的。

明崇祯九年（1636），即清崇德元年四月，皇太极为努尔哈赤上谥号为"承天广运圣德神功肇纪立极仁孝武皇帝"，庙号"太祖"，简称"太祖武皇帝"。

康熙元年（1662）四月十三日，康熙帝改其庙谥"武皇帝"为"高皇帝"，其谥号加谥、改谥为"承天广运圣德神功肇纪立极仁孝睿武弘文定业高皇帝"，简称"太祖高皇帝"。

雍正元年（1723）八月，雍正帝为其加谥后为"承天广运圣德神功肇纪立极仁孝睿武端毅弘文定业高皇帝"。

乾隆元年（1736）三月十一日，乾隆帝为其加谥号为"承天广运圣德神功肇纪立极仁孝睿武端毅钦安弘文定业高皇帝"。

既然已经介绍了努尔哈赤死亡之谜，以及他死后谥号变化的过程，下面，就让我们再来看看努尔哈赤的崛起和其陵墓之谜吧。

第一章

女真族的巨人

作为大清帝国创业的奠基人，努尔哈赤的青少年时期并不如意，但凭借着他的勇敢和智慧，逐步成为女真族的领头人，并因其崛起而带动了女真族和后金政权的兴盛与强大，使得这个原本是地方性的政权逐步过渡为全国性的政权。

一、从"朱果降祥"神话说起

努尔哈赤作为中国古代重要的军事家、政治家，其一生中最大的价值和贡献主要有两个：一是统一了女真族各部落，并由此创立了八旗制度和创制了满文；二是通过战争统一了东北地区，建立了后金政权，奠定了大清国基业，由此开始形成了统一全国的清朝政权雏形。

清朝是中国历史上最后一个封建王朝，是由居住在东北的少数民族满洲人建立的，满洲即现在的满族。据查，"满洲"这个词语是直到明朝末期才出现的，当时它还只是辽东女真族各部落中的一个部落。后来由于他们统一了女真族的其他部落，作为一个大部落群体，改女真族为"满洲"，以示与先前部落的区别和民族的统一。因此，要说努尔哈赤就要先说"满洲"，而说"满洲"自然就不可避免地要说一下满洲始祖的渊源。

对于满洲始祖的渊源，在《清太祖高皇帝实录》上记载着这样一段话：

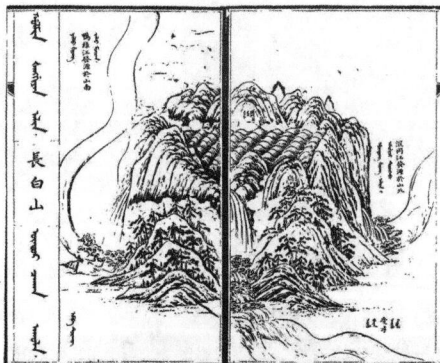

《满洲实录》上绘制的满洲先祖生活的长白山　　　《满洲实录》上绘制的"朱果降祥"图一

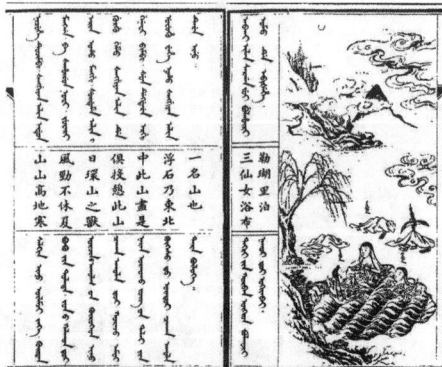

《满洲实录》上绘制的"朱果降祥"图二　　　　　《满洲实录》上绘制的"朱果降祥"图三

先世发祥于长白山，是山高二百余里，绵亘千余里，树峻极之雄观，萃扶舆之灵气，山之上有潭曰闼门，周八十里，源深流广，鸭绿、混同、爱滹三江之水出焉。鸭绿江自山南西流，入辽东之南海；混同江自山北流，入北海；爱滹江东流，入东海。三江孕奇毓异，所产珠玑珍贝，为世宝重。其山风劲气寒，奇木灵药，应候挺生。每夏日，环山之兽，毕栖息其中。山之东有布库里山，山下有池曰布尔湖里。相传有天女三，长曰恩古伦，次曰正古伦，季曰佛库伦，浴于池。浴毕，有神鹊衔朱果置季女衣，季女爱之，不忍置诸地，含口中，甫被衣。忽已入腹，遂有身。告二姊曰："吾身重，不能飞升，奈何？"二姊曰："吾等列仙籍，无他虞也，此天授尔娠，俟免身来未晚。"言已别去。佛库伦寻产一男，生而能言，体貌奇异。及长，母告以吞朱果有身之故，因命之曰："汝以爱新觉罗为姓，名布库里雍顺，天生汝以定乱国，其往治之，汝顺流而往，即其地也。"与小船乘之，母遂凌空去。子乘船顺流下，至河步登岸，折柳枝及蒿为坐具，端坐其上。是时，其地有三姓争为雄长，日构兵相仇杀，乱靡由定。有取水河步者，见而异之，归语众曰："汝等勿争，吾取水河步，见一男子，察其貌，非常人也，天必不虚生此人。"众往观之，皆以为异，因诘所由来。答曰："我天女佛库伦所生，姓爱新觉罗氏，名布库里雍顺，天生我以定汝等之乱者。"众惊曰："此天生圣人也，不可使之徒行。"遂交手为异，迎至家。二姓者议曰："我等盍息，争推此人为国主，以女百里妻之。"遂定议，妻以百里，奉为贝勒，其乱乃定。于是布库里雍顺居长白山东、俄漠惠之野、俄朵里城，国号曰：满洲，是为满洲开基之始也。

这就是广泛流传在女真族的一个优美动人的神话故事，这个故事被史学家称为"朱果降祥"。在这个故事里，介绍了努尔哈赤的祖先发源于长白山，其祖先是仙女佛库伦误食鲜果而诞生的，名布库里雍顺，其姓氏"爱新觉罗"是其母佛库伦所赠，因民众崇敬屈服，被推举为当地首领，定其国号为"满洲"。虽然这个故事很明显美化和神话了努尔哈赤的先祖，但却讲述了这样的三个要点：

一、努尔哈赤先祖的发源地是长白山，长白山和黑龙江一带的地域，都是他先祖活动的势力范围。

二、努尔哈赤先祖所在部落——"满洲"名称的来历。

三、努尔哈赤的"爱新觉罗"姓氏来历。

那么，这个"朱果降祥"神话说的故事，其内容的真实性到底有多大呢？下面，就通过史料记载来分析一下这三个要点的真实性。

一、努尔哈赤先祖的发源地是长白山，长白山和黑龙江一带的地域，都是他先祖活动的势力范围。

据清宗室世系《星源集庆》记载，努尔哈赤直系祖先是肇祖六世祖猛哥帖木儿。猛哥帖木儿是大金国的后裔，明朝初年斡朵里万户府的万户，统领所属女真军民为明朝耕猎纳贡，镇抚北边。"万户"这个官职是世代相袭的，由此可知，猛哥帖木儿的祖辈就世居斡朵里。斡朵里为牡丹江与松花江汇流之处，长白山天池又是图们江、鸭绿江和松花江的源头。所以女真人又聚居在长白山生活。

明永乐二年（1404），明成祖朱棣设立建州卫时曾询问女真人生活现状。对此，明初官员金幼孜所编《北征录》中有如下记载：

明成祖朱棣像

> 上曰：女真有山，其巅有水色白，草木皆白，产虎、豹亦白，所为长白山也。天下山川多有奇异，但人迹不至，不能知耳。此地去辽东可千余里，朕尝问女直人①，故知之。

由以上记载可知，明朝的时候，女真族就居住在长白山地区。

明永乐四年（1406），在朝鲜受封"上万户"的猛哥帖木儿，受明朝招抚到南京入朝，明成祖"授猛哥帖木（儿）封为建州卫都指挥使"，赐姓"童"。永乐十四年（1416），明朝政府正式设置建州左卫，委任猛哥帖木儿为建州左卫指挥使，专管建州左卫事宜。猛哥帖木儿的次子董山（或称童仓）是努尔哈赤的五世祖，明正统七年（1442）掌管建州左卫指挥使。明初，女真分为三大部，一是海西女真，居住在现今吉林以北、松花江转折后以南地区及黑龙江省哈尔滨市东边阿什河流域；二是建州女真，居住在长白山以北、牡丹江与绥芬河流域；三是野人女真，生活和聚居在偏远的精奇里江下游直到库页岛的整个黑龙江南北地域。其中，海西女真又分为叶赫、哈达、乌喇和辉发等四部，又称海西四部或扈伦四部；建州女真分为建州卫、建州左卫和建州右卫等建州三卫；居住在黑龙江流域的女真人，由于经济生产落后，主要靠狩猎为生，因此被明朝称为野人女真，包括东海瓦尔喀部、虎尔哈部、萨哈连部等。明朝为了管理女真，

---

① 女直人就是女真人，又称女真族、女贞族。

15

于洪武八年（1375）在今辽宁辽阳设置辽东都指挥司使。洪武二十八年（1395）始建卫所制，设指挥使和千户等官职。永乐七年（1409），明朝升奴儿干卫为奴儿干都指挥使司，简称"奴儿干都司"，治所在奴儿干城（今黑龙江流域特林）。永乐九年（1411），正式开设奴儿干都司，统辖各卫所，管辖黑龙江口、乌苏里江流域。到明万历年间（1573—1620），奴儿干都司辖区内增加到卫三百八十四、所二十四、地面七、站七、寨一，通称三百八十四卫。"卫所"官员都是明朝中央政府直接委任的，采取"因其部族，……官其酋长为都督、都指挥、指挥、千户、百户、镇抚等职，给与印信，俾仍旧俗，各统其属"的政策。他们的官职是世袭的，父死子继、父老子替都必须得到明朝中央政府的批准。如果要求晋升官爵、更换敕书（委任状）、增加赏赐等，则要呈报明朝政府，不得擅自行动，否则要受到处罚。明朝授给奴儿干都司属下卫所的官印，现在不断有所发现，如有"毛怜卫指挥使司之印""木答里山卫指挥使司印""塔山左卫之印"等"印信"，充分表明了明朝在东北地区设置地方行政机构进行管理，对维护统一的多民族国家有着重要的历史意义。

皇太极朝服像

又查，女真人其民族源自三千多年前的肃慎，汉至晋时期称挹娄，南北朝时期称勿吉，隋至唐时期称靺鞨，靺鞨又分为粟末靺鞨和黑水靺鞨两个部分。辽朝契丹人统治时改靺鞨人称为女真人，后来为了避辽朝兴宗耶律宗真讳而改称女直。宋徽宗政和五年（1115），由于以完颜部为核心的女真首领完颜阿骨打打败了辽朝，故此曾建立政权——大金。后来，金朝不但消灭了辽朝，还打败了北宋，并俘虏了徽、钦二宗。南宋理宗端平元年（1234），蒙古灭大金。南宋度宗咸淳七年

（1271），忽必烈建立元朝，黑龙江与乌苏里江流域的女真人此后归元朝辽阳行省开元路与水达达路管辖。

而努尔哈赤在赫图阿拉建立的政权，后世称"后金"。努尔哈赤的四贝勒、第八子皇太极即位后，于后金天聪九年（1635）十月十三日发布《汗谕》，改族名"女真"为"满洲"。因此，"满洲"是部族名称而非地名，满洲是女真各部落统一称呼的一个共同体，是把整个女真族统称为一个部落名称，后来泛指是满族。

由此可见，"朱果降祥"神话中称努尔哈赤"先世发祥于长白山"，并非无的放矢，还是有一定历史依据的。

二、努尔哈赤先祖所在部落——"满洲"名称的来历。

据查，"满洲"这个词语在明末以前的史书档案中还没有记载，最早出现时间是努尔哈赤建立政权时才作为他们部落名称出现的。

那么，为什么努尔哈赤所在的部落叫"满洲"呢？"满洲"二字有什么特殊的含义吗？

对此，清朝官方修纂的《满洲源流考》中记载有乾隆帝的一篇上谕：

乾隆帝半身朝服像

> 满洲，本作"满珠"，二字皆平读。我朝光启东土，每岁西藏献丹书，皆称"曼珠师利大皇帝"，翻译名义曰"曼珠，华言妙吉祥也"，又作"曼殊室利"。《大教王经》云："释迦牟尼师毗卢遮那如来，而大圣曼殊室利为毗卢遮那本师"，"殊"与"珠"音同，"室"与"师"一音也。当时鸿号肇称，实本诸此。今汉字作"满洲"，盖因"洲"字义近地名，假借用之，遂相沿耳。实则部族而非地名。

按照乾隆帝的说法，"满洲"这一称呼作为先祖的部落名称是大有来头的，其称呼的来源与西藏达赖喇嘛派人"献丹书"有直接关系。据查，西藏达赖喇嘛最早派人来沈阳是在清太宗崇德七年（1642）十月。而"满洲"这个称呼在努尔哈赤时期就已经作为他们的部落名称使用。明万历四十一年（1613）的满文旧档记载中就称呼努尔哈赤为"满洲国淑勒①昆都仑②汗"《旧满洲档》在万历四十三年（1615）的记载中，也有一些"满洲国""满洲兵"等字样。皇太极即位后、西藏特使来之前，档案中使用"满洲"字样的记载更是很多。由此可见，乾隆帝说"满洲"称呼是西藏达赖喇嘛赠号的说法，是牵强附会并不靠谱的。

其实，乾隆帝对自己的这一说法，也不是很肯定的，起码他自己都有两种说法。除了西藏达赖喇嘛赠号的说法外，乾隆四十二年（1777）八月十九日，乾隆帝谕内阁旨中说道：

> 金始祖居完颜部，其地有白山黑水，白山即长白山，黑水即黑龙江。本朝肇兴东土，山川钟毓，与大金正同史，又称"金"，之先出靺鞨部，古肃慎地。我朝肇兴时，旧称"满珠"，所属曰"珠申"，后改称"满珠"。而汉字相沿，讹为"满洲"。其实即古"肃慎"为"珠申"之转音，更足徵疆域之相同矣。

在这里，乾隆帝将"满洲"一词的来历称之为古"肃慎"的音转。由于乾隆帝在《满洲源流考》和谕旨中对"满洲"一词的解释有两种，于是傅斯年在《东北史纲》中说，"满洲"一词的来历，"清盛时本无定论"。那么，"满洲"一词究竟有什么来历呢？

对于"满洲"一词的来历，目前有三种说法：

1. 傅斯年认为，"满洲"一词是"建州"一词的音转。其理由是，《清

---

① 淑勒为满语，意为"聪睿"。
② 昆都仑可作"谦恭"解释。

太祖武皇帝实录》卷首在"满洲"名称之下有一小注："南朝误称建州。"于是他认为，历史上早就有建州这一行政区，努尔哈赤这一支又出自建州卫，所以称自己为建州女真，后来讹作"满洲"，因为"只能满洲为建州之讹音，决不能为满洲之误字"。

有人对于傅斯年的说法并不认可。其理由为：两词语的音转相差太大，并且"满洲"一词作为部落名称，在努尔哈赤时期就已经存在。

2. 日本近代学者稻叶岩吉认为，"满洲"一词是对本族君长尊号"满住"的转变而来的。他在《清朝全史》中写道：

> ……夫"满洲"者，实不外移其本族君长尊号转变而成，朝鲜之记录有之。当万历四十七年之春，都元帅姜宏立加入明军以征伐清之太祖，途中被清兵所虏，以之谒见太祖，见太祖之部下，俱以"满住"称号太祖，加于汗之尊号上。太祖死于明天启七年（笔者注：应为天启六年），太宗即位，至明崇祯八年，皆遵用太祖所自命其国之金为称号。惟至翌年，彼忽自改其族名曰"满洲"，而以"大清"二字代"后金"之朝号焉。

对于稻叶岩吉的说法，有人认为，当时称努尔哈赤为"满住汗"与满文档案记载"大明汗"和"万历汗"是一回事，因为"大明"和"万历"这两个词语并不是特殊含义的尊称，因此"满洲"一词并非是"满住汗"中的"满住"二字的音转。皇太极改族名为"满洲"，也并非是"忽改其族名曰满洲"的。因为皇太极曾说："我国原有满洲、哈达、乌喇、叶赫、辉发等名"，"我国建号满洲，统绪绵远，相传奕世"。

3. 此外，还有一种观点认为，"满洲"一词的来历与努尔哈赤先祖部落居住地名河名"婆猪江"有关系。这种观点认为，努尔哈赤的先祖猛哥帖木儿及其族人经常抢劫朝鲜人，流窜和抢劫地点大多发生在婆猪江旁，因此在朝鲜的史书和文件档案中，努尔哈赤的先祖被称为"婆猪野人""婆猪贼人""婆猪之人""婆猪人"等。之所以这么称呼他们，其原因就是跟他们聚集地点在婆猪江岸有关系。婆猪江是鸭绿江的支流，发源于龙岗山脉南麓，婆猪江为明朝时称呼，清朝改称佟家江或佟佳江，现在称浑江。在朝鲜官书档案《李氏王朝实录》中就有"婆猪江"同音异字的记载，如称婆猪江为"拨猪江""蒲州江""马州江"，或者简称"蒲州"。"满洲"是由满文manju音译而来，正确读音为"满珠"或"满猪"。"满"与"马"音似，"猪"与"珠"音同，所以"满洲"一词很可能是从"婆猪""马猪"部落旧名演变而来的。吴晗也认为，"满"与"蒲"在字形上极为相似，而婆猪江曾被简称"蒲州"，因此"满洲"是"蒲州"的讹字而来。

三、努尔哈赤"爱新觉罗"姓氏的来历。

"朱果降祥"神话中称努尔哈赤先祖姓爱新觉罗，对于这种说法，史学家并不认可。据查，"爱新觉罗"这个姓氏在明初到明末时期的官方档案和私人文献中都没有记载。清朝官方档案中提到的先祖猛哥帖木儿（孟特穆）、范嚓（凡察）、董山（充善）等，在《明实录》和《朝鲜实录》中记载他们姓"佟"或"童"。努尔哈赤祖父觉昌安和父亲塔克世的姓名，明朝人称他们为"佟教场"和"佟他失"，朝鲜人也称呼他们姓"佟"。努尔哈赤本人在公文中称自己为"女真国建州卫管束夷人主佟奴儿哈赤"，明朝和朝鲜更有称他为"佟奴"的。"佟"与"童"同音，由此可见，在努尔哈赤建立政权前，清朝皇室的祖先，无论是族内还是族外，都称姓"佟"。

然而，又有学者指出，努尔哈赤并不姓"佟"，其理由有二：

理由一："佟"姓为女真一大姓氏，建州左卫设立时，猛哥帖木儿任职指挥使，猛哥帖木儿姓"佟"，为了依附建州卫的名人，努尔哈赤就认他为六世祖，于是就称自己姓"佟（童）"。因为按照满洲祖先的始祖制度，他们实行严格的外婚制，同姓本族人是不能论婚嫁的。可在事实上，努尔哈赤的很多前辈和晚辈，都与"佟"姓联姻。并且努尔哈赤还娶祖父觉昌安三哥索长阿的孙子威准的福晋富察氏当了自己的继福晋。因此有人说，猛哥帖木儿根本不是努尔哈赤的六世祖。因为不是努尔哈赤真正的六世祖，所以猛哥帖木儿死后葬在朝鲜后，他的遗骨等并未迁到努尔哈赤的祖陵安葬，而只是在他的祖陵尼雅满山岗（即今永陵）设了一个衣冠冢。

理由二：努尔哈赤在族内并不称自己姓"佟"，只是在对外关系时如与明朝和朝鲜打交道时才这么称呼自己的姓氏，其原因就是告诉对方，自己是建州名门——猛哥帖木儿的后裔，以此抬高自己的身价，便于获得明朝任命官职。

也有学者认为，即使努尔哈赤真的姓"佟"，这也不是他家族独有的姓氏。《朝鲜实录》记载，在猛哥帖木儿时代，女真族各部落头目中姓"佟"的人很多，凡是姓"佟"授官的人都归入建州，即使到了明朝末年，女真各部落中姓"佟"的小头目依旧很多。这说明，"佟"姓是女真族一大姓氏，努尔哈赤的家族姓"佟"只是其中的一支。

有人认为，"佟"姓之所以在女真族中为多，其原因有二：

原因一："佟"和"童"都是汉族姓氏，在当地是有名望的姓氏，当地的一些女真族人为了抬高自己身价表明自己不是"夷人""夷类"，就冒用汉姓"佟"和"童"。

原因二：有人称"佟"和"童"是"佟家（佳）氏"的简称，即"佟"和"童"本是女真人姓氏。

台湾学者陈捷先认为，努尔哈赤姓"佟"是假冒的，所以当努尔哈赤势力强大时，他就改称自己姓"爱新觉罗"。"爱新"的满文 aisin，汉意是"金"，"觉罗"的满文 gioro 在辞书中无汉文含义。于是陈先生认为，姓氏中的"金"是前朝女真政权国号，而姓氏中的"觉罗"才是努尔哈赤的真实姓氏。其理由有四：

理由一：万历十六年（1588）征讨建州诸部落时，收一养子，赐姓为觉罗。

理由二：《钦定满洲祭天典礼》卷首刊载有"若我爱新觉罗姓之祭神，

则自大内以至王公之家，皆以祝辞为重"。文字"爱新觉罗姓"的满文版只写了"觉罗姓"，并无"爱新"字样。据此推断，在努尔哈赤祖、父时代，其姓氏只是"觉罗"。

又因武英殿本《钦定满洲祭祀条例》卷首中"我爱新觉罗姓之祭神"一句，满文为"meni gioro hala wecengge"，汉译为"吾等觉罗哈拉所祭者"。

理由三：朝鲜史书档案中称努尔哈赤姓"雀哥"，应该是"觉罗"的音转。

理由四：陈捷先先生在满文档案中发现 gioro 是一处地名，并又称为"故里"（susu），即"觉罗"是努尔哈赤家族的"故里"。

在当时，满洲姓氏很多都是"本系地名，因以为姓"。在满文档案中，"觉罗"既是地名，又被称为"故里"。因此，努尔哈赤家以前很可能居住在"觉罗"这个地方，因此也是以"觉罗"为姓。

然而，虽然努尔哈赤家族原本姓"觉罗"，由于祖、父两代做了明朝小官，为了抬高社会地位，就假冒姓"佟"，并以此与明朝等打交道。当他势力强大的时候，为了激发民族的情感，就恢复了原本姓氏"觉罗"。而"觉罗"又是女真族一大姓氏，如《八旗满洲氏族通谱》里记载有八种"觉罗"，伊尔根觉罗、舒舒觉罗、西林觉罗、通颜觉罗、阿颜觉罗、呼伦觉罗、阿哈觉罗、察喇觉罗。为了区别于其他"觉罗"，显示帝王后裔的尊贵，故此在"觉罗"二字前加上"爱新"作为国姓，表明他们是大金朝后裔，以此号召和团结女真各部落。《清朝通志·氏族略》里记载"爱新觉罗"是国姓，"爱新"是"金"的意思，其他的觉罗则冠以地名、部名、民名等，与国姓相区别。如"伊尔根觉罗"就是"民觉罗"的意思，以表示它们和爱新觉罗（金觉罗）是有所分别的。因此，努尔哈赤的姓氏存在造假现象。

综上所述，由于史料的欠缺，努尔哈赤的出生地、姓氏之谜以及民族属性，一直是史学家关注并争论的重点。

二、十三副遗甲起兵

清太祖努尔哈赤，又称"弩尔哈齐"[①]，满文转写拉丁文为 nurgaci，也可写作 nurhaci，满文本意是"野猪皮"的意思，明朝称之为"奴儿哈赤"，朝鲜则称之为"奴可赤""乙可赤""老可赤"，清灭亡后的民国称之为"努尔哈赤"，姓爱新觉罗，于明嘉靖三十八年（1559）出生在建州左卫苏克素护部赫图阿拉[②]城（今辽宁省新宾县）的一个满族奴隶主的家庭，祖父叫觉昌安（giocangga），父亲叫塔克世（taksi）。

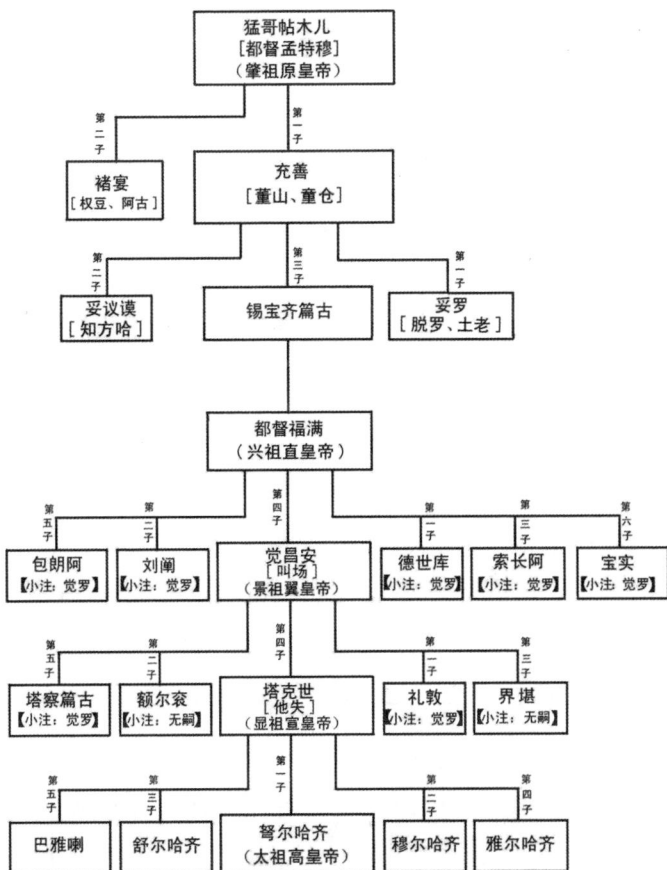

据《星源集庆》绘努尔哈赤直世表（绘制　徐鑫）

① 福陵神功圣德碑文上就是这么写的，而《清实录》中则记载为努尔哈赤。
② 赫图阿拉是满语 Hetu ala 的对音，意为横冈。

据《星源集庆》记载，孟特穆（猛哥帖木儿）是努尔哈赤的六世祖，充善（董山）是五世祖，锡宝齐篇古是四世祖，福满是三世祖，觉昌安是努尔哈赤的祖父，觉昌安有五个儿子，其中第四子叫塔克世，也就是努尔哈赤的父亲。塔克世至少有三个妻妾，生育了五个儿子一个女儿。塔克世的结发之妻是阿古都督之女——喜塔腊氏，名额穆齐，生有长子弩尔哈齐、三子舒尔哈齐、四子雅尔哈齐和一个没有记载名字的女儿。塔克世的继室姓纳喇氏，名叫恳哲（又称肯姐），是海西女真哈达部万汗的养女，生有第五子巴雅喇。塔克世的妾叫李佳氏，是古鲁礼之女，生有第二子穆尔哈齐。

塔克世是建州左卫下部落的一个小头目，家庭条件不算富裕，但也不算贫苦，家中养有一些阿哈（aha）。阿哈又称包衣阿哈（booi aha）或包衣（booi），即奴隶或奴仆。家庭状况属于中等户，信仰萨满教（saman），后推崇喇嘛教（即藏传佛教）。

据《清太祖武皇帝实录》记载，喜塔腊氏怀孕十三个月才生育了努尔哈赤，并长有惊人的相貌：

清太祖努尔哈赤朝服像

> 太祖，生凤眼大耳，面如冠玉，身体高耸，骨格雄伟，言词明爽，声音响亮，一听不忘，一见即识，龙行虎步，举止威严。

在努尔哈赤童年时，家里的经济条件大不如以前，当他生母去世后，继母对他又不好，将他赶出家门独立生活，可是给他的家产却很少。虽然后来又想给他一些家产，但要强的努尔哈赤并未接受。于是《清太祖武皇帝实录》

对此记载：

> 十岁时丧母，继母妒之，父惑于继母言，遂分居，年已十九
> 矣，家私止给些须。后见太祖有才智，复以家私与之，太祖终
> 不受。

上文记载虽未提及他的家庭存在暴力，但家庭不和却是隐含其中。于是十九岁的努尔哈赤被迫离开这个没有温暖的家庭，流落在外，和同伴们一起挖人参、捡蘑菇、拾木耳，赶抚顺马市贸易，参加劳动，用交易得到的物品和钱财维持生计。在交易过程中，他学会了蒙古语，粗懂汉语，略识汉字，喜欢读汉文的《三国演义》《水浒传》，这为他日后"用兵如神"精通战略埋下了一定的伏笔。明末清初学者黄道周在《博物典汇》中写道：

> （努尔哈赤）好看三国、水浒两传，自谓有谋略。

日本近代学者稻叶岩吉在《清代全史》中也写道：

> （努尔哈赤）幼时爱读《三国演义》，又爱《水浒传》，此因交
> 识汉人，而得其赐也。

清史学者萧一山在《清代通史》中认为：

> 论者谓就其教育程度观之，似皆由于《三国演义》一书而揣
> 摩有得者，或亦不无见地耳。皇太极云：我国本不知古，凡事揣
> 摩者，殆仍《三国演义》一类小说，为清朝开国之源泉也。

生活在社会这所大学校里，努尔哈赤不仅学到了经济、政治和文化知识，还增长了智慧，开阔了心胸，磨炼了意志。

对这段艰苦生活，《满洲老档》中记载："英明汗自幼贫苦。"

不过，有史料记载，努尔哈赤年幼时曾寄居在建州右卫指挥使王杲门下谋生。如《明神宗实录》中记载：

> 皇城巡视应议闻：奴酋原系王杲家奴。

明末诸生程令名在《东夷努尔哈赤考》中记载：

> 努儿哈赤王杲之奴。

还有一些学者认为，王杲就是努尔哈赤外祖父阿古都督。

王杲，姓喜塔腊，名阿古，明朝末年建州女真首领，官至建州右卫指挥使。王杲虽然受封明朝担任官职，但他却凭仗兵强马壮的势力，不断抢劫并屡杀明朝官员，如明嘉靖四十一年（1562）设伏擒杀明辽东副总兵黑春；又于明万历二年（1574）七月，会同来力红杀明游击斐承祖等。于是明朝断绝其贡市以示惩罚。王杲以"部众坐困"为由纠集土默特、泰宁诸部，大举进犯辽阳、沈阳，被明朝辽东总兵李成梁击败，王杲不敢北逃，只得借道哈达部，后被哈达部王台率子虎儿罕赤所获，献明朝，万历帝亲至午门城楼接受献俘。明万历三年（1575），王杲在北京被明朝"槛车致阙下，磔于市"。王杲兵败后，努尔哈赤被辽东总兵李成梁所俘。这在诸多史料中都有所记载，其中：

明末学者王在晋在《三朝辽事实录》中记载：

> 奴方十五六岁，请死，成梁哀之。

明朝中后期学者陈建在《皇明通纪辑要》中记载：

奴与速①同为俘虏。

明末学者姚希孟所著《建夷授官始末》中记载：

时奴儿哈赤年十五六，抱成梁马足请死，成梁怜之，不杀，留帐下卵翼如养子，出入京师，每挟奴儿哈赤与俱。

明末清初学者彭孙贻在《山中见闻录》中记载：

太祖既长，身长八尺，智力过人，隶成梁标下。每战必先登，屡立功，成梁厚待之。

明末学者姚希孟所撰《姚宫詹文集》中又记载：

成梁封奴儿哈赤卵翼如养，出入京师，每挟奴儿哈赤与俱。

另，明末南京礼部、吏部右侍郎张鼐撰《辽筹》中也有如下记载：

主将李如柏世居辽。其先宁远公（李成梁）又儿子畜奴贼。

由此可见，虽然努尔哈赤在王杲门下之事在清朝官书档案中没有记载，但努尔哈赤在明朝辽东总兵李成梁手下，却是不争的事实，而且当时努尔哈赤与李成梁之间的关系打得火热，或者说非常不一般，因为据上述

---

① 指舒尔哈齐。

档案记载来看，努尔哈赤与李成梁之间是非亲父子的养父与养子关系。

也有档案记载和专家考证称，努尔哈赤与李成梁的关系，早在努尔哈赤的祖、父时期就已建立。中国著名清史学家孟森先生曾根据史料做过考证，得出结论：明嘉靖年间，虽然努尔哈赤的祖父和父亲曾是王杲部属，参与了王杲犯辽东之乱，但后来李成梁镇守辽东，两人"悔过入贡"，"潜行通款于明"，成为李成梁的内应，效忠明朝朝廷，为讨伐王杲李成梁充当向导。

另外，清初进士马晋允在《通纪辑要》中写道：

> 初王杲不道，歼我疆吏。李成梁因以他失（塔克世）为向导，遂枭王杲于蕙街。

明末清初学者黄道周在《博物典汇·建夷考》一文中写道：

> 先是奴酋父他失有胆略，为建州督王杲部将。杲屡为边患，是时李宁远（李成梁）为总镇，诱降酋父，为宁远向导讨杲，出奇兵，往返八日而擒杲。

在王杲死后，因为有引导官军围剿王杲功劳，努尔哈赤祖父觉昌安被晋升为建州左卫都督①，父亲塔克世晋升为指挥使，并且塔克世得到了李成梁拨给他的王杲的部分属地。

由于以上记载大都来自明朝人的记载，因此有人对这些记载的真实性提出了质疑，认为还是应该以清朝官方档案记载为主或者参照比较分析。可是，清朝在这方面的官方档案记载几乎为零，或者说目前还未发现，因此，努尔哈赤与李成梁之间到底是怎么样的一个关系，至今尚无令人折服

---

① 章炳麟《清建国别记》第 31 页中记载："教场官建州左都督佥事。"

的说法。

有史料记载，努尔哈赤脱离李成梁的时间大约在万历十年（1582）九月。对此，清康熙年间徐乾学所纂《叶赫国贝勒家乘》中有如下的记载：

> 壬午，十年，秋九月，辛亥朔，太祖如叶赫国。时上脱李成梁难而奔我，贝勒仰佳努识上为非常人，加礼优待。

至于努尔哈赤因为什么原因离开的李成梁，历史上并没有明确记载，但在满族地区的民间，却流传着一个《关于罕王的传说》的故事：

> 那时候明朝天下大灾，各处反乱。罕王下山后投到李总兵（李成梁）的部下。李总兵见大罕（努尔哈赤）长得标致可爱，聪明伶俐，便把他留在帐下，当个书童，用来伺候自己。
>
> 有一天晚上，李总兵洗脚，对他的爱妾骄傲地说："你看，我之所以能当总兵，正是因为脚上长了这七个黑痣！"其爱妾对他说："咱帐下书童的脚上却长了七个红痣！"总兵闻听，不免大吃一惊——这明明是天子的象征。前些时候才接到圣旨，说是紫微星下降，东北有天子象，谕我严密缉捕，原来要捉拿的人就在眼前。总兵暗暗下令做囚车，准备解送罕王进京，问罪斩首。
>
> 总兵之妾，平素最喜欢罕王。她看到总兵要这般处理，心里十分懊悔。有心要救罕王，却又无可奈何。于是把掌门的侍从找来，与他商量这件事。掌门的侍从当即答道："三十六计，走为上计。"定下计议，便急忙把罕王唤来，说给他事情的原委，让他赶快逃跑。罕王听说之后，出了一身冷汗，十分感激地说："夫人相救，实是再生父母；他年得志，先敬夫人，后敬父母。"罕王拜谢夫人，惶急地盗了一匹大青马，出了后门，骑上马就朝长白山跑去。这时跟随罕王的，还有他平常喂养的那只狗。

　　罕王逃跑之后，李总兵的爱妾就在柳枝上挂上白绫，把脖子往里一套，天鼓一响就死了。据说满族在每年黄米下来那天，总是要插柳枝的，其原因就在这里。第二天，总兵不见了罕王。他正在惶惑之际，忽而发现自己的爱妾吊死在那里。李总兵立即省悟，顿时勃然大怒。在盛怒之下，把她全身脱光，重打四十（满族祭祖时有一段时间灭灯，传说是祭祀夫人的；因其死时赤身，为了避羞，熄灯祭祀）。然后派兵去追赶，定要捉回。

　　且说罕王逃了一夜，人困马乏。他正要下马休息，忽听后面喊杀连天，觉察追兵已到，便策马逃跑。但是，追兵越来越近，后面万箭齐发，射死了大青马。罕王惋伤地说："如果以后能得天下，决忘不了'大青'！"所以后来罕王起国号叫"大清（青）"。罕王的战马已死，只好徒步逃奔，眼看追兵要赶上。正在危难之时，忽然发现路旁有一棵空心树。罕王急中生智，便钻到树洞里，恰巧飞来许多乌鸦，群集其上。追兵到此，见群鸦落在树上，就继续往前赶去。罕王安全脱险。等追兵走远以后，罕王从树洞中出来，又躲到荒草芦苇中。他看见伴随自己的，仅有一只狗。罕王疲劳至极，一躺下就睡着了。

　　追兵追了一阵，什么也没有追到；搜查多时，又四无人迹。于是纵火烧荒，然后收兵回营。

　　罕王一睡下来，就如泥人一般；遍地的大火，眼看要烧到身边。这时跟随他的那条狗，跑到河边，浸湿全身，然后跑回来，在罕王的四周打滚。这样往返多次，终于把罕王四周的草全部弄湿。罕王因此没有被火烧死，但小狗却由于劳累过度，死在罕王身旁。

　　罕王睁眼醒来，举目四望，一片灰烬。跟随自己的那只狗又死在旁边，浑身通湿。自己马上就明白啦。罕王对狗发誓说："今后子孙万代，永远不吃狗肉，不穿狗皮。"这就是满族忌吃狗肉、忌穿狗皮的缘由。

罕王逃到长白山里，用木杆来挖野菜、掘人参，以维持生活。在山里，罕王想起自己在种种危急关头，能化险为夷，俱是天公保佑。想到这里，罕王立起手中的杆子来祭天。同时又想起乌鸦救驾之事，也依样感激，就在杆子上挂些东西，让乌鸦来吃，是报答乌鸦相救之恩的意思。后沿袭下来，遂成为风俗。

后来，罕王带领人马下山，攻占了沈阳。

对于这个故事的真实性，现在无法判断其真假，但有一点可以肯定，这个故事承认和美化了努尔哈赤投身明朝总兵李成梁麾下的这段青年时期经历，并讲述了满族的一些风俗来历，以此来证明这个故事的真实性是可信的。虽然故事本身并没有涉及努尔哈赤起兵的原因，但据《清太祖武皇帝实录》记载，努尔哈赤起兵的原因，其借口是他的祖、父无故被杀，他是为了替祖、父二人报仇。

原来，王杲被明朝杀死之后，他的儿子阿台（又称阿太）为了给父亲报仇，纠集旧部，不断骚扰边境，射杀苍头军一人，抢劫官兵和马匹。为了安靖地方，明朝辽东总兵李成梁决定严厉打击阿台的嚣张气焰，于万历十年（1582）在曹子谷和大梨树佃击败阿台。但阿台并未收敛，反倒变本加厉抢劫边境。为了以绝后患，李成梁决定"缚阿台，以绝祸本"，经过部署，在苏克苏浒河部图伦城尼堪外兰的配合下，于万历十一年（1583）二月发起对阿台的大本营——古勒寨的进攻，在阿台被杀、古勒寨降顺后，"诱城内人出，不分男妇老幼，尽屠之"，史称"古勒之役"。

然而，在这次战役中，由于努尔哈赤的祖、父二人不知何缘故也出现在战场上，并且还被明军杀死，故此，努尔哈赤称他为祖、父报仇起兵之说法，值得人们深度思考。因为如果明明知道那里将要发生战争还要去那里，这其中必然有原因，而且与被杀原因之间有着必然的直接关系。那么，努尔哈赤祖、父二人究竟是什么原因也去了战场呢？对于努尔哈赤的祖、父二人出现在战场上的原因，目前有两种说法：

说法一：清朝官方档案《清太祖高皇帝实录》中称，努尔哈赤的祖、父是为了在战火中营救自己的亲人——礼敦之女，而被明军杀死。其原文如下：

先是苏克苏浒河部图伦城有尼堪外兰者，阴构明宁远伯李成梁，引兵攻古勒城主阿太章京，及沙济城主阿亥章京。成梁授尼堪外兰兵符，率辽阳、广宁兵二路进，成梁围阿太章京城，辽阳副将围阿亥章京城。城中见兵至，逃者半，被围者半，辽阳副将遂克沙济城，杀阿亥章京，复与成梁合兵攻古勒城。阿太章京妻乃上伯父礼敦巴图鲁之女，景祖闻古勒城兵警，恐女孙被陷，偕显祖往救。既至古勒城，见成梁兵方接战，遂令显祖俟于城外，独入城，欲携女孙归，阿太章京不从。显祖俟良久，亦入城探之。成梁攻古勒城，其城据山依险，阿太章京守御甚坚，数亲出绕城冲杀，成梁兵死者甚众，不能克，因责尼堪外兰起衅败军之罪，欲缚之。尼堪外兰惧，请身往招抚，即至城大呼，绐之曰：大兵既来，岂遂舍汝而去？尔等危在旦夕。主将有命，凡士卒能杀阿太来降者，即令为此城之主。城中人信其言，遂杀阿太以降。成梁诱城内人出，男妇老弱尽屠之。尼堪外兰复构明兵，并害景祖、显祖。

说法二：努尔哈赤的祖、父当时出现在战场的原因是为了给明军做向导。其中，沈国元《皇朝从信录》、王在晋《三朝辽事实录》、熊廷弼《辽中书牍》、彭孙贻《山中见闻录》等书中都认为努尔哈赤的祖、父当时是给明军做向导而死于战火的。

时任蓟辽抚按张国彦在奏报中也称：

查其祖父，又以征逆阿台，为我兵向导，并死于兵火，是奴儿哈赤者盖世有其劳，又非小夷特起而名不正者也。

明茗上愚公著《东夷考略》中记载：

初，奴儿哈赤祖叫场、父他失并从征阿台，为向导，死兵火。

另外，明程开祜在《筹辽硕画·东夷奴儿哈赤考》一文中也写道：

先年叫场、他失皆忠顺，为中国出力，先引阿台拿送王杲。后，杲男阿台将叫场拘至伊寨，令其归顺，合党谋犯，以报父仇。叫场不从，阿台拘留不放。大兵征剿阿台，围寨急攻，他失因父在内，慌忙护救，混入军中。叫场寨内烧死，他失被兵误杀。因父子俱死，时镇守李总兵将他失尸首寻获，查给部夷伯插领回，又将寨内所得敕书二十道、马二十四匹（笔者注：清朝官方档案记载的是三十道敕书、三十匹马），给领。

从以上记载中可以看出，当时努尔哈赤的祖、父两人出现在战场上，有两种可能，一是清朝官方档案中所说的为了救族女，二就是明朝人所说的给明军做向导。两种说法不一，具体真相如何呢？

我们知道，清朝修史，对于曾经隶属于明朝的史实都讳莫如深，像为李成梁做向导这样的事隐而不载是很有可能的。程开祜是对辽东战事极为关注和颇有研究的人，《筹辽硕画》辑成于明朝末年，是研究本朝万历年间后期辽东地区情况的重要史料。上面这段记述原委清楚，叙事翔实，且与《清太祖武皇帝实录》中所记情形是大致吻合的。虽然清朝官方档案并没有说明努尔哈赤祖、父是为明军做向导被杀，但在努尔哈赤的祖、父死之后发生的一些事情，却似乎可以说明真相，即明朝承认是误杀，作为补偿，给了努尔哈赤三十道敕书（敕书，是明朝政府颁发给东北地区各少数民族羁縻卫所官员的证明其官职和等级以及进京朝贡和接受赏赐的凭证。敕书是政治权力的标志，还具有经济价值。明成化以后，朝贡、互市的某些规定逐渐废止。如果要朝贡、入市都以敕书为准，届时边关检查敕书后验放，允许入贡入市。因此，敕书对于各部来说，是获惠的凭证）和三十匹马，并被授予建州左卫指挥使。对此，明朝人方孔炤在《全边略记·辽东略》中记载：

> 李成梁雏畜哈赤，及长，以祖、父殉国，予指挥，南关坪。

如果仅从明朝对努尔哈赤的祖、父之死给予补偿来看，努尔哈赤的祖、父二人不大可能出于救助自己族女的原因现身战场上，因为当时正是战争时期，战斗很激烈，他们根本无法靠近战场，更无法进入被围的古勒城，战斗的双方不大可能因为他们只为了救一个族女就允许进城，在交战的双方眼里，努尔哈赤的祖、父没有这么大的面子。如果是这样的话，努尔哈赤的祖、父二人出现在战场上的原因，就很可能是明朝人所记录的那样，是给明军当向导而被明军所杀，其被误杀才是死因。那么，也许有人会问，既然是给明军做向导，怎么还会出现误杀？这正是笔者想要在此说明的。在这里，笔者大胆地认为，努尔哈赤的祖、父之死，并不是什么死于明军误杀，他们就是被明军故意杀死的。明朝管辖、安抚女真地区的同时，又对女真族实行民族分裂和民族歧视政策。女真人彪悍强壮好斗，且又不好管理，于是官府暗中挑拨关系，令他们部落间互相残杀，削弱他们彼此的势力，以此达到有效的管理。因此，杀死努尔哈赤祖、父的原因，就是出于挑拨建州左卫内部关系，令其自相残杀。而当时，除了努尔哈赤的祖、父与明朝示好，尼堪外兰这一部落也与明朝示好。为了削弱较强的势力，嫁祸于他人，努尔哈赤的祖、父也就成为了牺牲品。因此，当努尔哈赤朝明朝边吏质问：

祖、父无罪，何故杀之？

明朝边吏回复：

汝祖、父实是误杀！

于是，"遂还其尸，仍与敕书三十道，马三十匹，复给都督敕书"，任命努尔哈赤为建州都督。

当时，虽然努尔哈赤明明知道明朝在撒谎，但却不敢惹怒明朝，于是找借口，要求明朝将尼堪外兰交给自己处理：

杀我祖、父者，实尼康外郎（笔者注：即尼堪外兰）唆使之也，但执此人与我，即甘心焉。

可是，明朝对此并不领情，宣称此事到此为止，不要再追究，并帮助尼堪外兰建造甲板城，令其为建州首长：

尔祖父之死，因我兵误杀，故以敕书马匹与汝，又赐以都督敕书，事已完矣。今复如是，吾誓助尼康外郎筑城于甲版（嘉班），令为尔满洲国主。

尼康外郎即尼堪外兰。建州女真其他部落见尼堪外兰得到明朝的支持，势力很大，于是很多部落都投靠尼堪外兰。就是努尔哈赤的同族五祖子孙，也对神立誓，要杀害努尔哈赤投靠尼堪外兰。尼堪外兰得意的同时，又强迫努尔哈赤也归顺于他，努尔哈赤气愤地说：

尔乃吾父部下之人，反令我顺尔，世岂有百岁不死之人？

明明是给明朝办事，自己的祖、父却被明朝所杀，委屈、仇恨的同时，明朝却偏向旁人压迫自己，面对这些，努尔哈赤只能先把对明朝的仇恨都一股脑地推到尼堪外兰身上，发誓必报杀祖、父之仇。

说到这里，有人认为，"尼堪外兰"这个人的名字很是特殊，"尼堪外兰"满文转写拉丁文为 Nikan Wailan，尼堪（Nikan）汉译为"汉人"或"汉人的"意思；外兰（Wailan）汉译为"秘书""书记"的意思；合在一起的意思为"汉人书记"或"汉文秘书"，根本不像是人名，由此可见，此名只是称呼，并非其本名。根据佟佳氏家谱记载，尼堪外兰为佟佳氏，本名布库录，这一说法现在基本被大家所接受。而努尔哈赤在斥责这个人时曾说这个人是他父亲塔克世的部下，从这个角度看，这个人是后来才发迹的，并且似乎还比较熟悉汉文。

现在，不管努尔哈赤的祖、父是因为什么原因死于战场的，但最终的结果却是给了努尔哈赤崛起的机会。努尔哈赤利用祖、父之死，首先确定了自己一定的政治身份——建州都督，其次将祖、父之死的责任推到明朝祖护的建州左卫尼堪外兰身上，并以此为借口，于万历十一年（1583）五月自称淑勒贝勒①（sure beile），以其父塔克世"遗甲十三副"为装备，带领数十人向尼堪外兰居住的图伦城发起进攻，并占领图伦城。但尼堪外兰却闻讯逃遁甲板，当努尔哈赤追至甲板时，又再次逃走。自此，努尔哈赤以追杀仇人为由展开了统一女真各部落的"征讨"。

三、建立"汗"权

努尔哈赤兴兵为祖、父报仇，起先并不顺利，虽然一开始打败尼堪外

---

① 淑勒为满语，意为"聪睿"；贝勒，为满语 beile 的对音，初意为"大人""首领"，是女真贵族的称号。崇德元年（1636）定封爵位，贝勒在亲王、郡王之下。"淑勒贝勒"的合称为"聪睿部族首长"的意思。

兰占据了图伦城，也用计杀掉了背叛自己的诺米纳，统一了苏克素浒河部，势力也逐渐增大，威信日增，但反对他的人仍大有人在。敌人的暗杀、劫寨，以及宗族的加害，"长祖、次祖、三祖、六祖之子孙同誓于庙，欲谋杀"，他的随从、妹夫噶哈善被他继母的弟弟萨木占等杀死，这些事情都表明，他依旧没有彻底改变危险的逆境。

为了改变这种不利的处境，装傻充愣、小不忍则乱大谋等战略，都被努尔哈赤充分使用。于是，暗杀者被抓住后，他故意放走，以便少树敌。但这并不意味着他不报仇，他既要为自己报祖、父被杀之仇，也要为自己妹夫报仇，因为他可以借助"以德报怨"来树立威信，打击和拉拢其他的部落，实现自己的雄心壮志——建立自己的政权。

在统一建州女真的道路上，历经三年的作战，努尔哈赤先后统一了苏克素浒河部、董鄂部和哲陈部，并在马儿墩寨杀萨木占为妹夫报了仇，可是他自己的深仇大恨却还没有报——尼堪外兰依旧活着。

明万历十四年（1586）七月，努尔哈赤获知仇人尼堪外兰居住在鹅尔浑城。虽然沿途都是自己的敌人，但努尔哈赤依旧星夜兼程赶往鹅尔浑城。当攻克该城后发现，尼堪外兰并不在城里，于是登城远看发现，"初城外有四十余人，不及进城，带妻子逃走，为首一人穿青绵甲，戴毡帽"。努尔哈赤怀疑那个人就是尼堪外兰，于是单身冲进那群人，"内一人箭射太祖（努尔哈赤）胸旁，从肩后露镞，共中伤三十处"。努尔哈赤毫不畏惧，"犹奋勇射死八人，复斩一人，余众皆散"。由于没有捉到自己的仇人，努尔哈赤杀死鹅尔浑城内的十九名汉人，又捉中箭伤者六人，复深入其箭，令他们带箭前往明朝边境给明朝官员送信：

可将仇人尼康外郎（笔者注：尼堪外兰）送来，不然我必征汝矣。

明朝守军见努尔哈赤势力日渐强大，因此对软弱的尼堪外兰这个傀儡不再有兴趣，于是决定抛弃他。因此明朝边境官员派人对努尔哈赤说：

尼康外郎（笔者注：即尼堪外兰）既入中国，岂有送出之理，尔可自来杀之。

努尔哈赤怕这其中有诈，对传信之人说：

汝言不足信，莫非诱我入耶？

对此，传信之人又说道：

若不亲往，可少遣兵去，即将尼康外郎与汝。

于是，努尔哈赤派戒沙（又译"斋萨"）带四十人往边界，尼堪外兰一见，吓得魂飞魄散，"即欲登台趋避，而台上人已去其梯，尼康外郎遂被戒沙斩之而回"。明朝也因误杀努尔哈赤的祖、父之事，"自此每年与银八百两、蟒缎十五匹，以了其事"。

努尔哈赤杀掉了仇人尼堪外兰后，他又快马乱刀，于万历十六年（1588）消灭了完颜部，统一了建州女真本部。到万历二十一年（1593），又先后吞并了长白山三部——讷殷部、朱舍里部和鸭绿江部。由于他表面顺从明朝，明朝先后授予他建州左卫都督金事和龙虎将军等职务。然而，努尔哈赤并没有被胜利冲昏头脑，他在统一建州女真各部落期间，就已开始着手自己的初步兴基立业大计——兴建费阿拉城。

明万历十五年（1587），努尔哈赤在呼兰哈达（hulan hada）下筑建费阿拉城。"呼兰哈达"意译为烟筒山。费阿拉城建成之后，于六月二十四日"定国政：凡作乱、窃盗、欺诈，悉行严禁"。自此，努尔哈赤及族人在此居住并办公，因此，费阿拉城在当时是建州女真的政治、经济和军事中心。

作为政治中心，费阿拉城当时是什么样子的呢?

明万历二十三年（1595）十二月，朝鲜官员申忠一受命为办理建州女真人越境采参被杀之事到费阿拉城和解，因此他在《建州纪程图记》中对费阿拉城有如下的描写:

一、外城周仅十里，内城周二马场许。

一、外城先以石筑，上数三尺许，次布椽木；又以石筑，上数三尺，又布椽木；如是而终。高可十余尺，内外皆以黏泥涂之。无雉堞、射台、隔台、壕子。

一、外城门以木板为之，又无锁钥，门闭后，以木横张，如我国将军木之制。上设敌楼，盖之以草。内城门与外城同，而无门楼。

一、内城之筑，亦同外城，而有雉堞与隔台。自东门过南门至西门，城上设候望板屋，而无上盖，设梯上下。

一、内城内，又设木栅，栅内奴酋居之。

一、内城中，胡家百余；外城中，胡家才三百余；外城外四面，胡家四百余。

一、内城中，亲近族类居之；外城中，诸将及族党居之；外城外居生者，皆军人云。

一、外城下底，广可四五尺，上可一二尺；内城下底，广可七八尺，上广同。

一、城中泉井仅四五处，而源流不长，故城中之人，伐冰于川，担拽输入，朝夕不绝。

一、昏晓只击鼓三通，别无巡更、坐更之事。外城门闭，而内城不闭。

一、胡人木栅，如我国垣篱。家家虽设木栅，坚固者，每部落不过三四处。

一、城上不见防备器具。

一、自奴酋城，西北去上国抚顺二日程；西去清河一日程；西南去暧阳三日程；南去新堡四日程；南去也老江三日程。自也老江南去鸭绿江一日程云。

此外，申忠一在《建州纪程图记》中还记录了努尔哈赤的相貌、服饰和出行情况：

一、奴酋不肥不瘦，躯干壮健，鼻直而大，面铁而长。

一、头戴貂皮，上防耳掩，防上钉象毛如拳许。又以人造莲花台，台上作人形，亦饰于象毛前。诸将所戴，亦一样矣。

一、身穿五彩龙文天衣，上长至膝，下长至足，皆裁剪貂皮，以为缘饰。诸将亦有穿龙文衣，缘饰则或以貂，或以豹，或以水獭，或以山鼠皮。

一、护项以貂皮八九令造作。

一、腰系银入丝金带，佩帨巾、刀子、砺石、獐角。

一、足纳鹿皮兀喇鞋，或黄色，或黑色。

一、胡俗皆剃发，只留脑后少许，上下两条，辫结以垂。口髭亦留左右十余径，余皆镊去。

一、奴酋除拜都督十年，龙虎将军三年云。

一、奴酋出入，别无执器械军牢等引路。只诸将或二或四作双，奴酋骑则骑，步则步而前导，余皆或先或后而行。

由于在会见结束后，努尔哈赤在给朝鲜国王的回帖中自称"女直国"，回帖最后"篆之以建州左卫之印"，这表明他既自己称王，又接受明朝的管理。这是努尔哈赤高明之处，因为他需要在没有明朝干扰的情况下，才能坐稳建州地方"国王"，以便于发展势力，号令女真人。因此，他一面自己称王，又一面对明朝俯首顺从，两手政策玩政治，隐瞒和麻痹明朝。

明万历十七年（1589），努尔哈赤受封都督金事。明万历十八年（1590）四月，努尔哈赤首次入北京进贡谢恩。之后，明万历二十一年、二十五年、二十六年、二十九年、三十六年、三十九年、四十三年，努尔哈赤都亲自或派人到北京进贡方物。明万历二十三年（1595），努尔哈赤还如愿加升为龙虎将军。

努尔哈赤的如意政治得到了预期效果。明军三十余年未对建州进行过一次"围剿"。这使得努尔哈赤有时间和精力发展势力，扩大统治地区。因为努尔哈赤知道，自己在费阿拉城称王，只是自己在建州的初步胜利，属于地方的一个"国王"，并非是真正意义上的"女直国"，为了实现"女直国"，他还需要继续征服其他的女真部落。于是，他就以费阿拉城为建州女真大本营，又陆续开始了统一海西女真和野人女真的战争。

当时的女真族分为三大部落，即建州女真、海西女真和野人女真。建州女真包括建州卫、建州左卫和建州右卫。海西女真包括叶赫、哈达、辉发和乌拉四部，因此又称扈伦四部。野人女真分为东海女真和黑龙江女真，东海女真主要有三部，即渥集部（又称"窝集部""兀吉部"）、瓦尔喀部和库尔喀部；黑龙江女真主要有虎尔哈部、萨哈连部、萨哈尔察部、使犬部、使鹿部和索伦部等。

在与明朝的"蜜月"时期内，历经三十年，努尔哈赤不仅统一了海西女真，还逐步并附了野人女真。之后，为了打击明朝，扩大兵员，努尔哈赤又开始征服漠南蒙古诸部。

原来，元朝被明朝击败后，元朝的残余势力退回了他们的大本营——蒙古草原。由于他们不断侵袭明朝，受到明朝的打击，以及自己内部势力的分化，蒙古的统治逐渐分为三大部，即漠西蒙古、漠北蒙古和漠南蒙古。生活在蒙古西部至准噶尔盆地区域的蒙古人被称为漠西厄鲁特蒙古；

生活在贝加尔湖以南、河套以北的被称为漠北喀尔喀蒙古；生活在蒙古东部、大漠以南的被称为漠南蒙古。漠南蒙古不仅与女真接壤，还与明朝接壤，并且他们不但与海西女真关系密切，他们还与明朝有着共同防御女真人的盟约。由此可见，努尔哈赤征服漠南蒙古是必须的。

努尔哈赤在不断加紧统一女真战争和征服漠南蒙古的同时，也不断在文化和制度上为建立独立的女真政权做着两大准备。

一、创制满文文字。

本来，女真族没有自己的文字，使用的是契丹字。当金朝建立后，参照汉字在契丹大字基础上创制了自己的文字——女真文。女真文有女真大字和女真小字两种。由于契丹大字为依仿汉字而成，因此女真文是类似汉字的一种方块字，义音兼具，与蒙古拼音文字有所不同。金朝被蒙古帝国灭亡后，由于蒙古语和女真语都属于阿尔泰语系，因此在女真地区，开始蒙古文和女真文同时流行，后来女真文逐渐衰落下去。到明朝中叶，女真人已不懂女真文，替而代之的是蒙古文。

努尔哈赤兴起之后，建州女真与明朝和朝鲜之间的公文，皆用汉文。努尔哈赤在女真社会的公文和政令，只能先写成汉文，再由汉文译成蒙古文。然而，女真人说话却是女真语，"时满洲未有文字，文移往来，必须习蒙古书，译蒙声语通之"。这种语言与文化上的矛盾，已经成为发展中的女真社会上的障碍。于是，创立属于自己民族的文字成为必须解决的社会问题。

明万历二十七年（1599）二月，努尔哈赤令额尔德尼和噶盖创制满文。于是，他们遵照努尔哈赤的指导思想，"以蒙古字，合我国（女真）之语音，连缀成句，即可因文见义矣"，将蒙古字变通后改制为满文，并颁行女真人生活地区。

在努尔哈赤主持下创制的满文，虽是仿照蒙古文，却有满语音特点，由于其文字没有圈点，后人称之为"无圈点满文"，或"老满文"。

由于老满文存在一些需要改进之处，如满文"十二字头，原无圈点，上下字无别，塔达、特德、扎哲、雅叶等，雷同不分。书中寻常语言，视其文义，易于通晓。至于人名、地名，必致错误"。

后金天聪六年（1632）正月，皇太极令达海巴克什对老满文进行了改进，"达海巴克什奉汗命加圈点，以分晰之。将原字头，即照旧书于前，使后世智者观之，所分晰者，有补于万一则已。倘有谬误，旧字头正之"。后来，人们称改进了有圈点的满文为"有圈点满文"，或"新满文"。

满文的创制和颁行，在当时不仅加快了满、汉文化的交流，也加速了女真社会的封建化，它是满族文化发展史上的里程碑，同时也丰富了我国民族的文化宝库。

二、八旗制度的确定。

八旗制度的初始，是由女真族生产组织的狩猎制度诞生，后发展为一种军事编制，最后由于军事、政治和社会的需要，遂成为一种军事组织、政治形式和社会团体的综合制度。据乾隆朝《大清会典·八旗都统》记载："按行军旗色，以定户籍，设官分职，以养以教，而兵寓其中。"即八旗制度是军政合一、兵民一体的社会组织形式，具有军事、行政和生产等三项职能。

又据乾隆朝《大清会典则例》记载，八旗编制初为四旗：

太祖高皇帝辛丑年，满洲生齿日繁，诸国归服人众，设四旗以统之，以纯色为辨，曰黄旗，曰白旗，曰红旗，曰蓝旗。

对于何时开始设置"旗"这一单位的，目前所知最早时间是在明万历二十一年（1593）古勒山之战中。对此，《清太祖高皇帝实录》记载：

上至古勒山，对黑济格城，据险结阵。令各旗贝勒大臣，整兵以待。

由"各旗贝勒"四字可知，当时的建州兵已经被编成各旗，并且有军旗。只是不知道这时候设置的"旗"，是"四旗"还是"五旗"，因为朝鲜人申忠一于万历二十三年（1595）在费阿拉城见到建州兵：

> 旗用青、黄、赤、白、黑，各付二幅，长可二尺许。

对于军旗为什么会是五色，且其中有黑色，《八旗通志》解释，军旗是用来指挥军队的，旗色与左右翼军的次序有五行相胜的作用，因此有黑色旗。后来，由于黑色旗在夜间难于辨别，故此将黑色改为蓝色。

明万历二十九年（1601），努尔哈赤对原先的军事组织做了一次整编，"复编三百人为一牛录"，每牛录设额真一员，或并画一旗色，以黄、白、红、蓝四色为旗的标志。

后来，由于"归附日众，乃析为八"，即在原有四旗的基础上，再增设四旗，共为八旗。于是，在明万历四十三年（1615）十一月的《清太祖高皇帝实录》上则有这样的记载：

> 上既削平诸国，每三百人设一牛录额真，五牛录设一甲喇额真，五甲喇设一固山额真，每固山额真左右设两梅勒额真。初设有四旗，旗以纯色为别，曰黄，曰红，曰蓝，曰白。至是添设四旗，参用其色镶之，共为八旗。行军时，地广则八旗并列，分八路。地狭则八旗合一路而行，队伍整肃，节制严明。

固山是满洲户口和军事编制的最大单位，因每个固山都有自己特定颜色的旗帜，因此汉语译固山为旗。每一旗最高长官称为固山额真，又叫旗主，入关后称为都统；固山额真有两名副手——梅勒额真，入关后称为副都统；梅勒额真以下的官员称为甲喇额真，入关后称为参领；甲喇额真以下是牛录额真，牛录额真后称牛录章京，入关后称为佐领。

《满文老档》对牛录额真以下官员，有更详细的记载：

> 牛录额真以下设岱子二人、章京四人和噶珊拨什库四人。四
> 名章京分领三百男丁编成的达旦。

由此可见，牛录额真以下设两名副手——岱子，入关后称为副佐领；副佐领以下是章京，章京是办事员的意思。章京以下是噶珊拨什库，入关后称为领催；达旦是窝铺的意思，相当于现在的连队，后取消。

原先四旗为黄、白、红、蓝四色做旗帜。增加的四旗，则是在原先四色基础上，在旗帜四周镶上一条红边或白边，其中，黄、白、蓝三色旗帜镶红边，红色旗帜镶白边。不镶边的四色旗帜，分别称之为正黄旗、正白旗、正红旗、正蓝旗；镶边的四色旗帜，分别称之为镶边黄旗、镶边白旗、镶边红旗、镶边蓝旗，简称为镶黄旗、镶白旗、镶红旗、镶蓝旗。这八种旗帜，合称为八旗。

兵种上，八旗兵分为长甲兵、短甲兵和巴牙喇等，即后来常说的前锋、骁骑和护军。

初建的女真八旗被称为满洲八旗。后来，根据实际需要，又设立了蒙古八旗和汉军八旗，其组织编制和功能，与满洲八旗一样。虽然满洲八旗、蒙古八旗和汉军八旗共有二十四旗，但习惯上仍统称为八旗。八旗的各旗旗主之上有被称为和硕贝勒的领（旗）王。八旗的最高统帅是努尔哈赤，并且他还亲领满洲正黄旗和满洲镶黄旗二旗。

创制满文和形成八旗制度的同时，为了进一步为建立后金政权做准备，于是努尔哈赤开始建造第二个政治中心——赫图阿拉城，即后金政权的第一个首都。

明万历三十一年（1603），即统一建州女真、创制满文、吞并哈达、设立四旗之后，努尔哈赤将建州女真的行政中心迁至自己的老家——赫图阿拉，并筑城居之。赫图阿拉位于苏克素浒河与加哈河之间，即今辽宁省

正黄旗军旗

镶黄旗军旗

正白旗军旗

镶白旗军旗

正红旗军旗

镶红旗军旗

正蓝旗军旗

镶蓝旗军旗

八旗军旗

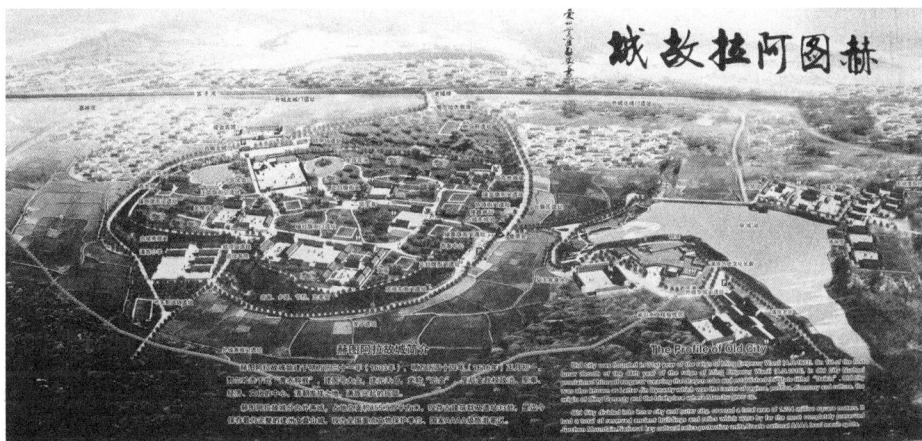

赫图阿拉复原示意图

新宾满族自治县永陵镇老城村，明朝称之蛮子城。两年后，努尔哈赤又在赫图阿拉城之外筑更大的外城环绕之。

明万历三十四年（1606），蒙古恩格德尔引领喀尔喀五部贝勒的使臣到赫图阿拉谒见努尔哈赤，尊努尔哈赤为"昆都仑汗"，又称"恭敬汗"。

虽然当时已有部分蒙古人认为他是一国的元首，但此时的努尔哈赤并没有真正的称"汗"，因为他知道此时的实力还远远不如明朝，他还需要继续扩大势力。当他兼并了大部分海西与野人女真部落，统治的地区"自东海至辽边，北自蒙古、嫩江，南至朝鲜、鸭绿江，同一言语者，俱征服"后时，他所领导下的政治机构框架也基本形成。他手下设五大臣与扎尔固齐为"议政事，理诉讼"的官，五大臣与八旗旗主共同议政，参与决策。不仅如此，努尔哈赤还颁布法制，令扎尔固齐等十人为理事官，分任事务，负责审理诉讼案件。而当这一切都运作成熟之后，努尔哈赤决定正式抛头露面出任"女直国"的首领——后金政权的"汗"。

明万历四十四年（1616）正月，努尔哈赤在赫图阿拉正式称"汗"，为"覆育列国英明汗"。在历史上，对于努尔哈赤称"汗"这一重要事情，不同的档案其记载的内容有所不同。

赫图阿拉故城汗王寝宫（复建）

据《重译满文老档·太祖朝》记载：

丙辰年，淑勒昆仑汗五十八岁。正月朔，申日，国中的诸贝勒、诸大臣会议："因为我们的国没有汗，生活非常困苦，所以天为使国人安居乐业而生（汗）。应给抚育全国贫苦人民，恩养贤良才智之士，应天命而生的汗上尊号。"八旗的诸贝勒、诸大臣，率众人在四面四隅等八处站立，随后八旗的八大臣从众人中走出，捧文书跪在前面，八旗的诸贝勒、诸大臣率众跪在后边。立在汗右侧的阿敦虾和立在左侧的额尔德尼巴克什，从两侧去迎，接受八大臣跪呈的文书，捧到汗前，放在桌上。额尔德尼巴克什在汗的左前方站立，上尊号称为："天任命的抚育诸国的英明汗。"跪着的诸贝勒、诸大臣都站起，随后汗从坐着的御座上立起，走出衙门，对天叩头三次。

修成于皇太极崇德年间的《清太祖武皇帝实录》中记载：

正月朔，甲申，八固山诸王，率众臣聚于殿前排班。太祖升殿，诸王臣皆跪，八臣出班进御前，跪呈表章，太祖侍臣阿东虾、厄儿得溺榜识接表。厄儿得溺立于太祖左，宣表，颂为列国沾恩明皇帝，建元天命。帝于是离坐，当天焚香，率诸王臣三叩首，转升殿，诸王臣各率固山叩贺正旦，时帝年五十八矣。

乾隆朝校订本《清太祖高皇帝实录》中记载：

天命元年，丙辰，春正月，壬申朔，四大贝勒代善、阿敏、莽古尔泰、皇太极及八旗贝勒大臣，率群臣集殿前，分八旗序立。上升殿，登御座。众贝勒大臣率群臣跪，八大臣出班跪进表章，近侍侍卫阿敦、巴克什额尔德尼接表。额尔德尼跪上前，宣读表文，尊上为覆育列国英明皇帝。于是，上乃降御座，焚香告天，率贝勒诸臣，行三跪九叩首礼。上复升御座，众贝勒大臣，各率本旗，行庆贺礼。建元天命，以是年为天命元年。时上年五十有八。

通过以上档案比较发现，努尔哈赤称"汗"时，并没有大作声张，不仅仪式简单，而且还没有建元。但到了后来，出于修书的需要，清朝官方档案将努尔哈赤的即位不仅添加补充上了一些礼仪，还补写上"建元天命"。然而，却还是没有写明当时的国号。

那么，努尔哈赤在赫图阿拉称"汗"时，其国号是什么呢？

据查，努尔哈赤称"汗"时，其国号并没有改变，依旧是用原先的国号"建州"。明万历三十三年（1605），努尔哈赤在致辽东抚按赵楫、辽东总兵李成梁的呈文中说道："我奴儿哈赤收管我建州国之人，看守朝廷九百五十余里边疆。"由此可见，在努尔哈赤称"汗"之前，其国号为

"建州"。又如，明万历四十六年（1618），即后金天命三年闰四月，明末学者沈国元在《皇明从信录》中记载有这样的一句话："奴儿哈赤归汉人张儒绅等，赍夷文请和，自称建州国汗，备述恼恨七宗。"在"建州"国号之前，曾使用过"女真"，"女真"之前使用"女直"。"建州"这个国号何时废止而启用新国号，并没有准确记载，但在万历四十七年（1619），即后金天命四年，朝鲜的档案记载里开始出现称努尔哈赤的政权为"后金"这个国号。明万历四十七年（1619）四月十九日的朝鲜官方史书《光海君日记》中记载有"后金天命皇帝（印）"七个字。

另，明天启二年（1622），明朝兵部尚书王在晋在《三朝辽事实录》中记载：

> 朝鲜咨报，奴酋僭号后金国汗，建元天命，指中国为南朝，黄衣称朕，词甚侮嫚。

明末官员、学者傅国在《辽广实录》中记载：

> 奴始僭号，称后金国汗，建元天命。

因此，努尔哈赤称"汗"后，其国号确实使用过"后金"二字，而并非现代研究者称其政权为后金。至于努尔哈赤何时将国号"后金"改为"大金"，目前能见到这样称呼的最早时间是在明天启元年（1621），即后金天命六年，其文字为"大金国驸马""大金皇帝"等。沈阳故宫藏有一块云版，为明天启三年（1623），即后金天命八年所铸，其文字为"大金天命癸亥年铸"。但具体是哪一年将国号"后金"改称"大金"的，目前尚不清楚。

综上所述，在努尔哈赤发展、壮大和建立政权过程中，先后使用过"女直""女真""建州""后金""大金"等号，具体使用时期还有待进一步考证。

随着努尔哈赤政权的巩固和军事力量的强大，隐藏在努尔哈赤心中多年的怨恨也随之发酵，于是后金与明朝的矛盾也开始明显激化了。因此，努尔哈赤决定向明朝发兵。

据《清太祖武皇帝实录》记载：

> 天命三年正月十六日晨，有青、黄二色气，直贯月中。此光约宽二尺，月之上约长三丈，月之下约丈余。帝见之谓诸王臣曰："汝等勿疑，吾意已决，今岁必征大明国。"

努尔哈赤作出发兵征伐明朝的决定之后，就做了如下的准备：

一、制作攻城器具。为了防备这件事情被明朝知道，就以给诸王建马圈为名，令七百余人砍伐树木。

二、同年三月，令加紧饲养马匹，整顿盔甲器械。

三、同年四月，颁攻战之策。

当这一切都准备妥当之后，明万历四十六年（1618），即后金天命三年四月十三日巳时，努尔哈赤亲率二万骑步大军征伐大明王朝，临行前发布告天下"七大恨"讨明檄文，讲明自己讨伐明朝的理由。关于讨明朝檄文"七大恨"的内容，不同版本的档案记载不一，但大致内容相似。例如，在《清太祖武皇帝实录》中记载的最初"七大恨"内容是这样的：

> 吾父、祖于大明禁边，寸土不扰，一草不折，秋毫未犯，彼无故生事于边外，杀吾父、祖，此其一也。
>
> 虽有祖、父之仇，尚欲修和好，曾立石碑盟曰：大明与满洲皆勿越禁边，敢有越者，见之即杀，若见而不杀，殃及于不杀之人。如此盟言，大明背之，反令兵出边卫夜黑，此其二也。
>
> 自清河之南，江岸之北，大明人每年窃出边，入吾地侵夺，

我以盟言杀其出边之人，彼负前盟，责以擅杀，拘我往谒都堂使者纲孤里、方吉纳二人，逼令吾献十人于边上杀之，此其三也。

遣兵出边为夜黑防御，致使我已聘之女转嫁蒙古，此其四也。

将吾世守禁边之钗哈即柴河、山七拉即三岔、法纳哈即抚安三耕种田谷，不容收获，遣兵逐之，此其五也。

边外夜黑，是获罪于天之国，乃偏听其言，遣人责备，书种种不善之语辱我，此其六也。

哈达助夜黑侵我二次，吾返兵征之，哈达遂声我有，此天与之也。大明又助哈达，逼令返国，后夜黑将吾所释之哈达掳掠数次。夫天下之国互相征伐，合天心者胜而存，逆天意者败而亡。死于锋刃者使更生，既得之人畜令每返，此理果有之乎？天降大国之君，宜为天下共主，岂独吾一身之主？先因糊笼部华言诸部会兵侵我，我始兴兵，因合天意，天遂厌糊笼而佑我也。大明助天罪之夜黑，如逆天然，以是为非，以非为是，妄为剖断，此其七也。

凌辱至极，实难容忍，故以此七恨兴兵。

而在后来修订的《清太祖高皇帝实录》中又是这样记载的：

我之祖、父，未尝损明边一草寸也，明无端起衅边陲，害我祖、父，恨一也。

明虽起衅，我尚欲修好，设碑勒誓：'凡满、汉人等，毋越疆圉，敢有越者，见即诛之，见而故纵，殃及纵者。'讵明复渝誓言，逞兵越界，卫助叶赫，恨二也。

明人于清河以南、江岸以北，每岁窃窬疆场，肆其攘村，我遵誓行诛；明负前盟，责我擅杀，拘我广宁使臣纲孤里、方吉纳，挟取十人，杀之边境，恨三也。

明越境以兵助叶赫，俾我已聘之女，改适蒙古，恨四也。

柴河、三岔、抚安三，我累世分守疆土之众，耕田艺谷，明不容刈获，遣兵驱逐，恨五也。

边外叶赫，获罪于天，明乃偏信其言，特遣使臣，遗书诟詈，肆行凌侮，恨六也。

昔哈达助叶赫，二次来侵，我自报之，天既授我哈达之人矣，明又党之，挟我以还其国。已而哈达之人，数被叶赫侵掠。夫列国这相征伐也，顺天心者胜而存，逆天意者败而亡。何能使死于兵者更生，得其人者更还乎？天建大国之君即为天下共主，何独构怨于我国也。初扈伦诸国，合兵侵我，故天厌扈伦启衅，惟我是眷。今明助天谴之叶赫，抗天意，倒置是非，妄为剖断，恨七也。

综合以上不同版本的档案记载，归纳起来，大致就是以下几个意思：

一、明朝无故杀害努尔哈赤祖、父。

二、明朝偏袒叶赫、哈达等部，欺压建州。

三、明朝违反划定范围，强令努尔哈赤抵偿所杀越境人命。

四、叶赫部得到明朝支持，背弃盟誓，将其女转嫁蒙古。

五、明朝派兵保卫叶赫部，越境对抗建州。

六、明朝逼迫努尔哈赤退出已垦种之地，不许收获庄稼。

七、明朝听取谗言，遣使臣持函，作威作福，侮辱建州。

为了争取更多老百姓的支持，努尔哈赤在发布讨明告天"七大恨"檄文之后，又严令军纪：

阵中所得之人，勿剥其衣，勿奸其妇，勿离其夫妻，拒敌者杀之，不与敌者勿妄杀。

随后，努尔哈赤便设计袭击明朝的抚顺、清河等城。

自此，从明万历四十六年（1618），即后金天命三年努尔哈赤讨伐明朝开始，到明崇祯十七年（1644），即清顺治元年清军入关、定都北京，再到清康熙元年（1662），清军活捉并处死南明永历帝为止，努尔哈赤及其后人将统一女真各部的战争转变为女真政权与明朝政权之间的民族战争。这场战争的性质从根本上来说就是地方政权向中央政权的冲击、挑战，是双方争夺全中国最高统治权的战争。

战争初期，明朝占有一定优势。明天启六年（1626），即后金天命十一年正月，努尔哈赤兵败宁远城之战，于是，他只能带伤暂退回沈阳治疗。

明天启六年（1626），即后金天命十一年八月十一日，努尔哈赤在清河休养后返回沈阳的途中，未时，死于瑷鸡堡。之后，"群臣轮班以肩帝枢，夜初更至沈阳入宫，诸王臣并官民哀声不绝"。第二天，他的大妃阿巴亥殉死，与努尔哈赤"同枢"，并暂安于沈阳城中东北隅。

明崇祯二年（1629），即后金天聪三年二月，努尔哈赤及与他袝葬、殉葬的后妃一起安葬在沈阳以东二十里的浑河北岸石嘴头山陵寝之中，是为福陵。

第二章

解读阴间『豪宅』

努尔哈赤的福陵风水虽然被历代称颂，但实则风水上是有缺陷的，但这并不影响它成为历史名迹。其奇特的建筑布局和规制、内葬人的生平事迹，以及诸多未解之谜，这些无论是在以往、现在还是将来，都是人们对它关注的重点和焦点。

一、最独特的风水

努尔哈赤的福陵，初称"先汗陵""太祖陵"，建在沈阳之东二十里的浑河北岸石嘴头山上。皇太极改元称皇帝建立清朝后，于崇德元年（1636）四月十二日尊之为"福陵"，寓意大清今后福运连绵。顺治八年（1651）十月二十一日，石嘴头山被敕封为"天柱山"。福陵的满文写法为 ᠊᠊᠊，满文转写拉丁文为：hū turingga munggan，满文译音为瑚图灵阿蒙安。又因福陵在沈阳的东面，故此当地人俗称之为"东陵"。

天聪二年（1628）二月，皇太极令诸贝勒、大臣带领风水人员，在沈阳城东二十里浑河北岸的石嘴头山上选定吉地，并开始营建。于是，天聪三年（1629）二月初十日《清太宗文皇帝实录》上就有了这样的记载：

> 初，上命诸贝勒大臣，敬卜吉壤，建造山陵，奉迁高皇帝梓宫安葬。至是定议，卜吉于沈阳城东二十里浑河北石嘴头山，遣官诣东京，奉迁孝慈高皇后梓宫，与太祖高皇帝合葬。大贝勒莽古尔泰母妃富察氏枢，亦同迁焉。

福陵坐北朝南，依山而建，一面背山，三面环水，即以辉山、兴隆岭为靠山，南临浑河，北、西两面为马官桥河，风水走向为壬山丙向兼子午艮龙，即稍偏向东南，其"来龙"即天柱山为长白山分支吉林哈达的余脉。整座陵寝呈前低后高、南北狭长、东西偏窄形势，为不规范矩形。

由于福陵的主体建筑建在天柱山上，是清陵中唯一建在山上的皇陵。因此，它自有自己独特的风水。那么，福陵究竟有什么样的风水呢？

对此，康熙朝大学士高士奇在《扈从东巡日记》上对福陵风水有如下精彩的描述：

> 山形迤逦，初不甚高。入大红门，地忽弘敞，山势峻拔，磴道层折，深邃高耸，幽宫莫测。玉衣石马，赫若神灵，佳气乔林，郁葱五色。自殿外望之，则百水回环，众山俯伏，群趋争赴，拱会朝宗。洵天建地设为亿万年之神丘也。

清乾隆朝绘制的福陵图

不仅如此，清朝皇帝对福陵风水也是大加赞美。康熙二十一年（1682），康熙帝第二次出关祭祖，在福陵歌功颂德祖先业绩的同时，也称赞福陵的风水上佳，并以诗文的形式在《三月初六日告祭福陵恭述十韵》中写道：

> 瑞霭钟灵阙，晴烟绕闷宫。
> 万山皆拱北，百水尽洄东。
> 天矫盘峰秀，纡回蹬道通。
> 俯看环众象，遥睇极高崇。
> 松柏九九直，冈峦面面同。
> 恢弘思祖烈，建树本神功。
> 战术无前例，谟谋启后衷。

挥蛇曾握剑，定鼎有遗弓。

展礼威仪整，申诚俎豆丰。

车书叨继统，藐尔愧微躬。

　　既然福陵风水如此之美好，但奇怪的是清朝官方档案并没有记载福陵陵址选在石嘴头山上的原因。然而，对于福陵建在山上的说法，民间却有两个有趣的传说。

　　传说一：努尔哈赤死后，即位的皇太极因为没有能找到随心的风水宝地为其建陵，心中着急。一次，皇太极路过石嘴头山（即后来的天柱山），但见山顶祥云瑞气缭绕，于是登山观看，发现一条长蛇与雉鸡嬉戏。当发现有人出现，雉鸡展翅飞上九霄，长蛇化为光柱直冲云端。见此情景，皇太极心知这里必是福地，因为刚才的相斗属于龙凤之争。于是，皇太极将努尔哈赤的陵寝位置选建于此。

　　传说二：努尔哈赤死后，尽管皇太极派了很多人出去寻找风水宝地，但依旧没有结果。于是，皇太极对群臣说："皇陵之事关系社稷、国运。先帝归天这么久了，也没有找到风水宝地。你们作为先王的重臣，经多见广，推荐钟灵佳地。"钦天监大臣推荐说："沈阳城东的石嘴头山是长白山的余脉，如果能在那里找到一百眼泉水，并安葬先王的龙体，江山就会一统万年。"后来果然在那里找到了一百眼泉水，于是就在那里建了福陵。

　　虽然以上风水故事只是来源于民间传说，却可以说明一点，福陵陵址的选择，当初也是经过一番周折的。虽然无法知道福陵风水是谁选定的，但据目前来看，福陵的风水选定，应该分为两个时间，第一个时间是天聪三年（1629）选定石嘴头山作为陵址；第二个时间是康熙元年（1662）选定福陵地宫"风水"。所以，选定福陵风水的人也分为两批人，其中选定福陵陵址的人清朝官方档案中并没有记载，但选定福陵地宫位置的人官方档案中是有记载的，他们是康熙初年的钦天监刻漏科杜如预和五品挈壶正杨宏量。

那么，福陵的风水在事实上究竟如何呢？

实际上，虽然福陵的风水被夸得如何如何的很好，民间传说也是很神很妙，但事实上，福陵的风水存在着一点瑕疵，那就是福陵存在着一定量的水患危险。

《盛京通志》上绘制的福陵风水范围图，该图上还绘有福陵妃园寝

原来，福陵陵前的浑河，发源于吉林哈达西面的纳绿窝集，流至抚顺与苏子河汇合，由于又汇集东山山水，当流至沈阳时，水量大增，水面变宽。每逢夏季来临，雨水连绵，河水暴涨，常常泛滥成灾，因此致使福陵前陵区域遭受洪水的浸蚀。雍正朝之前，为了防治水灾，在福陵的东西两侧陵山建有两条小河沟，小河沟长三百一十六丈五尺，宽一丈三尺，由福陵陵前的一条东西走向水沟疏导至西南处的浑河。由于年久失修，泥沙堵塞河道，个别处的河床高出浑河，致使山水无法顺利疏导进入浑河，福陵

前陵区则处于水沼之中。如果仅是将福陵陵前的水沟深挖，以疏导夏季山水，浑河水大时，其水必然会倒流入陵前水沟；如果仅疏通陵前水沟，水沟内的水流必然量大速快，冲击浑河入口处，造成河道被冲出大坑、河堤被冲毁，还会对福陵造成危险。因此，雍正三年（1725）四月二十八日，盛京工部侍郎魏延珍将此问题上奏。然而，雍正帝对这个问题也束手无策，颇感头疼。

雍正帝朝服像

雍正七年（1729），时任福建总督的高其倬来京城述职，因其"精通堪舆学问"，故此雍正帝令其奉旨考察福陵风水，以期解决福陵多年遭受水患的威胁。高其倬和工部主事管志宁等人到盛京经过一番实地勘察，并绘制图样。雍正八年（1730）三月，高其倬就考察福陵水患事情上奏雍正帝：

> 恭瞻福陵形势，其龙与永陵共祖同源，分宗抽干，高山天作，瑞气特钟，发自长岭之西，行于浑河之北。顺水而来，张潮而结，始耸万仞之峰，独超群岭；继博百尺之阜，迥异平峦。绵亘则虹转云舒，昂顿则龙翔凤举。远极诸边，无峰不拱；内极巨海，无水不收，盖天地眷佑极精微广大之全功；故山谷钟灵毓文武圣神之遐福。允属上格之龙，实为最佳之地也。惟前面水法稍更故道，水由夏日溢口而流，弓抱之势，微觉水长，必须修建石堤，顺导河流。俾循故道则水抱沙圆，益增吉庆。

高其倬的大意是说，福陵与永陵的来龙始于长白山，风水都是极佳。只是陵前的浑河因雨水增加而改河道，危及陵寝。对此，高其倬解决的方法是，一是在浑河之北建拦水石堤；二是将浑河河床浅处深挖。

接到奏折后，雍正帝对高其倬提出解决福陵水患的方法比较认可，遂于雍正八年（1730）三月初三日将此事谕内阁：

> 向来，朕闻福陵前面水法，稍更故道，祇以未得精通地理之人，未敢轻议。上年福建总督高其倬陛见来京，伊素精堪舆之学，特命率同主事管志宁等前往奉天，敬谨相度。据奏：陵前水法，因夏日溢口而流，太近左畔山脚，弓抱之势，微觉外张，应即行修理石工，倬循故道则水抱沙圆，益增吉庆等语。朕览高其倬等奏折及所绘图样，甚为明晰。惟是祖陵工程，关系重大，著将奏折图样，发与满、汉文武大臣等公同阅看，将应否修理之处，敬谨定议奏闻。

雍正八年（1730）四月十二日，满、汉大臣遵照雍正帝吩咐开了碰头会议，并将会议结果上奏：

> 臣等伏思高其倬所奏应修之处，适与圣意相符，应如所奏：将河身淤浅之处，挑浚深宽；兴修石工三百六十二丈，则水抱沙圆，益增吉庆矣。

诸臣在奏折中提到，高其倬提出的方法，不仅能解决福陵水患，还能增加福陵风水形势。雍正帝见诸臣的意见都统一后，于是御笔批示道：

> 著平郡王福彭前往，会同尚崇廙，敬谨督理。其监修官员，交与内务府总管拣选二员，奏请派往。兴工吉期，著钦天监

选择。

当平郡王福彭等人离京前往盛京前，雍正帝又再次格外叮嘱：不要担心费钱费工，只求工程坚固，“惟时工程坚固，人心豫悦，其无负敬祖爱民之至意”。

平郡王福彭等人到达福陵后，经过再次的详细勘验，认为高其倬治理福陵水患的方法并不合理，于是他们提出了自己的治理办法。

雍正八年（1730）八月初三日，雍正帝令奉天府府尹黎致远、奉天将军那苏图会同平郡王福彭办理福陵水患事务。

雍正九年（1731）十二月二十一日，平郡王福彭奏报工程竣工，并将办理的详细过程上奏给雍正帝：

钦天监博士刘毓圻敬谨相视，据称：陵前河洼之处，最宜培垫方为宏敞等语。复命高其倬议定，取方向并挑挖引河导，令山沟小水五道会流环抱，绕过陵前，归入大河，于地法合宜。今敬谨查得所筑迎水、顺水石堤长若干丈。又挑引河一道，长若干丈，左右引水小沟二道，共长若干丈。其填河工程，将原河高下不平之处，均撤平坦。各处土坎修成漫坡，填垫河身运用挖河取出之土，并浑河崖边及十里外之土若干方，俱经填垫妥适。

臣等于工程告竣之日，恭瞻祖陵水循故道，依然璧合而珠圆。隄庆安澜俨如龙蟠，而鳞集障溢流而环抱，方知万脉之朝宗，引群渎而归源，更见同条而共贯。为高为下，载观奠安之均平；有齿有唇，永保冈陵于无替。瞻案山之拱，像千官整肃以来朝；仰明堂之恢宏，万马腾骧而侍卫。合宇宙清宁之气萃，聚特坤，钟擅山川灵秀之奇，包罗万象，固已广大悉备，更觉悠久无疆。冬，河工告成。

接到平郡王福彭奏报后，雍正帝很高兴，令平郡王福彭等修缮和完备了福陵的风水：

> 福陵水法石工，洁诚襄事，敬谨竣工，甚属可嘉。在事人员，著分别议叙。再，福陵红门前大路，与宝城甚近，车马俱由山根左畔行走。有关风水，著行文奉天将军、府尹，嗣后于浑河东南西南，无关风水之处，设立船厂，以渡行人。红门前大路及山根左畔，严行禁止行走。浑河以北，凡系风水之地，所有草木不许擅动。至迁移房屋，禁止耕种地亩，著赏给房价，补还地亩。

于是，平郡王福彭等又将福陵陵前的一些区域重新进行了一番规划：一是将横贯陵前的一条道路及东侧"山根左畔"归为禁区，禁止闲杂人等进入；二是在陵前东南"兴隆店"、西南"石庙子"两地各设一处渡口，以方便路经福陵的行人和车马。

对于平郡王福彭等人是如何办理福陵水患治理工作的，据清史专家李凤民考察，当初平郡王福彭等人在福陵建的防洪设施位置和形状如下：位于福陵大红门正南的浑河北岸，其形状宛如"弓"，"弓弦"在北，"弓背"在南。"弓弦"为一条东西向横直的"虎皮石堤"，长约一里，高约五丈，呈台阶状，每级台阶高一尺，共五十余级。"弓背"为东、西、南三面用土和石垒砌的半圆形"土堤"，外向张弛，其中东西两面是石块垒砌的，称之为"东西石堤"，南面的那段弧形土堤被称为"土圆唇"。"圆唇"周围建有一条"引河"，"引河"的一段通向东山山沟，另一端接入浑河。

然而，由于先天的缺陷，尽管对福陵采取多次、多项防范和保护措施，但它的水患问题也没能得到彻底解决。雍正十三年（1735）六月十三日，山洪暴发，"洪水漫溢石堤"，修建的引河西河岸决口，石堤也被冲刷，致使福陵大红门前再次成为汪洋一片。

即位不久的乾隆帝接到奏报后，于雍正十三年（1735）八月二十七日，派遣淳郡王弘暻、侍郎陈树萱前往福陵相度，以期待寻找出解决福陵水患的好办法，因此就此事谕总理事务大臣：

> 据署盛京工部侍郎七克新奏称，本年六月十三日，山水汛发，漫溢福陵石堤。谨验得石堤坚固，无庸补修，所有石堤前平地，被水冲刷，又引河坝西河崖，冲开一假，并石堤背后所筑之土，亦被水冲刷，应请敬谨修理等语。朕思福陵工程，风水攸关，甚为重大，从前皇考特命平郡王前往，会同该将军等督率各员修理。今所筑土堤有冲刷之处，或因从前修筑时未曾妥协，或当日办事工员未曾悉照平郡王指授修理坚固，或数年以来未曾岁加修筑善为防护，数者均未可定。今既被水冲刷，即应敬谨修补，以资巩固。著派王一人，及大臣一员，带善看风水之人，前往相度形势。将应修工程，会同该将军及盛京工部，即行料估，敬谨督修。并将从前经手熟练工员，酌带前往，分委襄事。再永陵堤工，亦微有被水冲刷之处，著派出之王大臣等，一并查看，敬谨修补。寻派出淳郡王弘暻、侍郎陈树萱前往。

在谕旨中，乾隆帝先是讲述了福陵遭受水灾的严重情况，对于福陵防水工程质量，提出了自己的三点看法，"今所筑土堤有冲刷之处，或因从前修筑时未曾妥协，或当日办事工员未曾悉照平郡王指授修理坚固，或数年以来未曾岁加修筑善为防护，数者均未可定"。面对这些，他只能派遣王大臣带领相关人员前往福陵，会同沈阳的相关官员，相度堪舆，并堪舆永陵水患，一并治理。

遵照乾隆帝的派遣，多罗淳郡王弘暻、工部侍郎陈树萱带领风水师洪文润前来福陵相度并治理。他们整修河道，"开宽引河，培垫中心，包镶石岸"，"培垫圆唇"，这样就可以做到水流小时，引河与浑河水"内外环拱双流";水流大时,石泊岸和"圆唇"①拦挡缓冲水流冲击。

虽经这番治理,但福陵的水患还是在乾隆三年(1738)再次发生,当时洪水漫过石泊岸、土堤等。奉天将军额洛图请旨派员办理福陵水务。接到奏折,乾隆帝只能令平郡王福彭、工部侍郎张廷璩到盛京办理此项工程。

在平郡王福彭等出发前,乾隆帝询问:福陵水患经两次大的治理,为何还是不断发生灾难。平郡王福彭根据自己所知,详细回答了乾隆帝的疑惑。对此,乾隆三年(1738)十一月十九日《清高宗纯皇帝实录》上就有了如下的记载:

> 臣于雍正十三年,奉旨派往沈阳,修理福陵。查浑河与苏子河合流,并汇纳诸山之水,来源远大,上流甚高,势若建瓴,水小则安澜循轨,水大则溢岸冲堤。从前高其倬不谙水性,议于水口建筑石堤,旋经冲刷。嗣据洪文澜议奏,于虎皮石岸前,东西加筑石岸,培垫圆唇,今年夏水陡溢,堤坝仍被冲刷,而虎皮石岸前之圆唇,则凝然不动。可见两番修筑之石堤,徒费国帑。若恐弓势外张,则所砌圆唇,水势自己环抱。前奉天将军额尔图所奏一一修理,则今岁甫修,明岁复冲,明岁加工,后岁又决,此断非人力之所能为也。至工程处所,应作如何经久之计,俟臣到沈后,同侍郎张廷璩,详酌确议,再行奏闻。

平郡王福彭在奏折中除了分析福陵水患没有根治的原因,还称福陵的水患非人力所能改变。为了达到将水患彻底治理,长治久安,还需要再次详细考察磋商。由于别无良计,乾隆帝只得这样批复:

---

① "圆唇",为河工术语,即是一种半圆形突出河面的拦水河堤,可以令河水按照河堤的半弧形流动,从而减少河水直接的冲刷力。

福陵工程，关系重大。朕已降旨，令平郡王福彭、侍郎张廷
璟拣选精于地理之人，带往奉天，会同该将军、五部侍郎，敬谨
和衷，悉心定议请旨。淳郡王此奏，与朕意亦相仿佛。著将原奏
发去，一并确议具奏。

平郡王福彭这次在治理福陵水患时，采取了疏导的办法。将虎皮石堤
前的二、三段拦水石堤拆去，使河水能够畅通。保留虎皮石堤和"圆唇"
等防水设施。事实上，这次治理效果还是很不错的，福陵水患的再次发生
时间则是四十年之后的乾隆四十三年（1778）。当水灾过后，修复"石泊
岸二百二十五尺"，又建"虎皮石墙一道"。嘉庆十六年（1811），福陵防
水设施"圆唇"被水冲塌十一丈五尺，膨闪三丈。

由此可见，虽然经多次治理福陵的水患并没有彻底根除，但发生的时
间却在迟缓。然而也由此可知，福陵的风水并非完善完美，存在着先天不
足的缺陷。只是这点瑕疵，并不影响努尔哈赤这位巨人的安葬和长眠于
此。因此，福陵的风水还是值得称赞的，否则，努尔哈赤也不会安稳无恙
地长眠至今。

二、奇特的建筑和规制

天聪三年（1629）清明节，皇太极率领着诸贝勒大臣在努尔哈赤梓宫
前行告祭礼，将努尔哈赤梓宫运往福陵，随后又将孝慈高皇后梓宫迁往福
陵与努尔哈赤合葬，大妃富察氏也祔葬于此。并在福陵大红门前东西两侧
设立两座下马石牌坊，禁止诸贝勒以下臣民在此乘车马经过。对此，《清
太宗文皇帝实录》有如下的记载：

己亥，清明节，丑刻，以奉安太祖高皇帝梓宫，上率诸贝勒
大臣，诣太祖梓宫前，行告祭礼，奠酒，举哀，焚楮币，读祝。
祝词曰："皇考升遐，于时三载，向以未获吉壤，敬奉梓宫，暂

安沈阳城内。宏规巨制，有待经营。今谨卜地于浑河河北石嘴头山，川萦山拱，佳气郁葱，敬建宝城。用谍吉日，奉迁皇考梓宫，奠兹佳域，伏愿亿万斯年，神灵永安，庆流奕世，申锡无疆。谨告。"遂焚祝文，上与诸贝勒，亲奉太祖梓宫出殿，诸大臣奉安灵举，列卤簿，奏乐。八旗诸臣，以次恭舁龙辅，至山陵。随奉孝慈高皇后梓宫，与太祖高皇帝合葬。大贝勒莽古尔泰母妃富察氏灵榇亦祔葬于旁。葬毕，焚楮币以祭。于是，命官敬谨守护，陵东西两旁，立下马坊，禁乘车马行走，过必下。诸贝勒大臣以下、小民以上，违者治罪。

努尔哈赤葬入福陵后，虽然福陵建有东西下马石牌坊，但其主体建筑却十分简陋，仅有享殿、陵门、围墙等，享殿也只是"瓦房三间"，享殿有小门一个，像个库房，门楼为三层。当时，不仅祭祀活动在享殿举行，就连努尔哈赤及孝慈高皇后等人的梓宫也仅仅是埋葬在享殿的地下而已。

当时，营建福陵的工匠，主要是汉人，其中大多数都是明朝归降的官兵或抢掠来的工匠。

后来，清朝入关后，接受了先进的汉文化，尤其是祭祀礼仪和明朝的陵寝规制，因此对关外的皇陵进行了多次大规模的改建、增建和扩建。顺治七年（1650）四月，为福陵增建了石像生。顺治八年（1651）扩建了享殿。顺治十六年（1659）增建了方城的四个角楼，新建了两旁衙门各五间、换了石像生的石须弥座等。康熙二年（1663）九月，建福陵地宫、宝顶，同年十二月地宫建成，"安奉太祖高皇帝宝宫，设宝座、神牌于享殿"，将努尔哈赤及孝慈高皇后（孟古姐姐）等人的"宝宫"奉安地宫，他们的神牌也供奉进享殿内。康熙三年（1664）正月三十日，努尔哈赤的尊谥被镌刻于陵前石碑之上。康熙四年（1665）三月初六日建福陵明楼。康熙二十七年（1688）立福陵神功圣德碑及建碑亭。雍正三年（1725）建宝顶、四次建配房、红墙。乾隆年间，又增设了二柱门、石五供等。

在乾隆年间，福陵的大多数的建筑都进行过大规模重修，嘉庆十年
（1805）大修了一次东面石牌坊。由此可见，福陵今天的规模和格局，是
经过清朝近百年的发展才形成的。

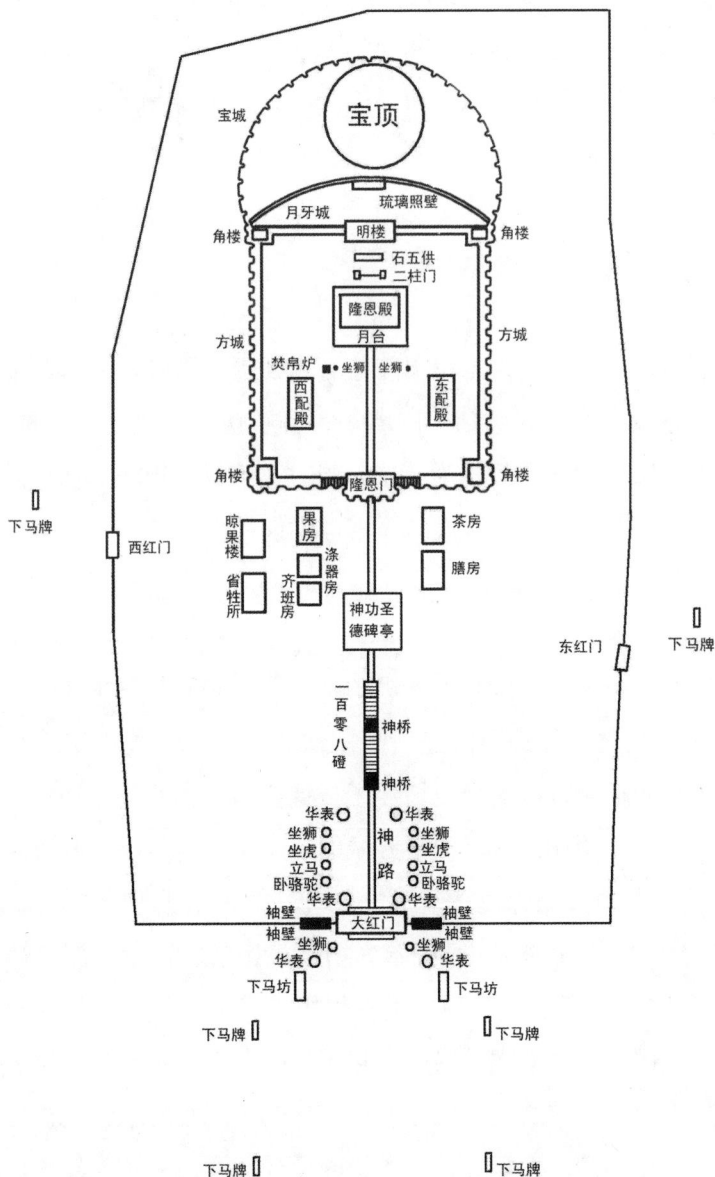

福陵平面示意图（绘图　徐鑫）

这里有个问题需要特别说明一下。

天聪三年（1629）初葬努尔哈赤于福陵时，按《清太宗文皇帝实录》的记载，其葬具使用的是"梓宫"；而到了康熙二年（1663）十二月福陵地宫建成后重新安葬努尔哈赤时，按《清圣祖仁皇帝实录》的记载，其葬具却变为了"宝宫"。一字之差，有何不同呢？"梓宫"，据唐初儒学家、经学家、语言文字学家、历史学家颜师古注："'棺也'。以梓木为之，亲身之棺也。为天子制，故亦称梓宫。"即中国古代帝王、皇后死后所用以梓木制作的棺材，用于盛放帝后遗体。"宝宫"，宝骨之宫，系佛家语，用于盛放佛家弟子圆寂火化后的骨殖。故盛殓帝王骨灰的葬具，亦谓之"宝宫"。著名史学家陈垣先生在《顺治皇帝出家》一文里说道，所谓宝宫，其实就是一个骨灰罐，在帝王家则称之为"宝宫"。凡清朝皇帝实行火化，均记以"宝宫"安葬。

由此可见，努尔哈赤遗体后来是火化了的，骨灰装入"宝宫"葬入改建后的福陵地宫之中。但这里又存在一个疑问，那就是努尔哈赤死后遗体是在何时火化的呢？可惜的是，在清朝官方档案中并没有明确记载。我们只能做出以下分析。

从《清太宗文皇帝实录》记载中可以看到，天聪三年（1629）初葬努尔哈赤于福陵时，其葬具使用的是"梓宫"，也就是说，此时努尔哈赤的遗体还未火化。但问题是努尔哈赤的遗体会停灵三年之久才火化吗？

关于清初丧葬习俗，顺治九年（1652）议定的火化制度规定：和硕亲王期年（一周年）而化（火化）；多罗郡王、多罗贝勒七月而化；固山贝子以下、公以上五月而化；官民三月而化。唯独没有规定帝王、后妃何时而化。我们知道，从康熙朝开始，受汉民族丧葬习俗的影响，清朝各代皇帝均不火化，改用土葬，并将此葬俗列入国法，即"一概不许火化，倘有犯者，按律治罪"。那么，在位于努尔哈赤和康熙帝之间的皇太极、顺治帝又是在死后何时火化的呢？这在清朝官方档案中是有明确记载的。顺治元年（1644）八月初九日，在皇太极一周年忌日这天，皇太极梓宫火化。

顺治十八年（1661）四月十七日，顺治帝停灵百日后梓宫在这一天火化。由此推测，努尔哈赤死后遗体火化时间应该是在其去世"期年（一周年）"之内，或百日，或某一特定时刻，但绝不会停灵达三年之久。但为何在《清太宗文皇帝实录》中又记载天聪三年（1629）努尔哈赤初葬于福陵时其葬具是"梓宫"呢？在此，笔者大胆推测，这是由于清朝官方唯恐清朝先帝火化之事有损朝廷的形象和声誉，留下关外之地荒蛮、祖先风俗陋野的话柄，故意修改遮掩之。

所以，综合以上分析可以知道，康熙二年（1663）十二月福陵地宫建成后重新安葬努尔哈赤时努尔哈赤遗体已火化，安葬的是装入"宝宫"之中的骨灰。至于火化时间，由于在纂修实录档案时，清朝官方故意隐讳，说得含糊其词。再加之以后历朝修改实录档案，把原本就已模糊不清的史实弄得更加模糊不清。所以努尔哈赤到底何时火化，还需进一步寻找史料进行考证。

据实地调查，福陵的主要建筑由南到北依次为：下马牌、下马石坊、华表、石狮、大红门、袖壁、东西红门、石像生、神桥、一百零八磴、神功圣德碑亭、东侧膳房和茶房、西侧省牲所、齐班房（已无）、涤器房（已无）、果房、晾果楼（已无）、方城、隆恩门、东西配殿、石狮子、焚帛炉、隆恩殿、二柱门、石五供、明楼、哑巴院、月牙城、宝城、宝顶，宝顶下面是地宫。

据《一宫三陵档案史料选编》记载，福陵还建有更衣亭，目前尚未发现遗址。

福陵的主体建筑周围建有风水红墙，周围长有数千株古松。整座福陵占地面积约为二千九百六十平方丈，方圆二十里（《奉天通志》记载为二十五里）。陵区东起兴隆辅，西至毛君屯，北至长岭子。界址四至各有界牌，界址内由外向里依次立有青、白、红三色界桩环列，陵前设有"栅木"（又称挡众木、鹿角木）一千五百一十四架。界牌、界桩和"栅木"，既是陵寝界线的标志，也是提升陵寝安全保护设施。

福陵《世界文化遗产》标志碑

作为清初皇陵建筑，福陵这样重量级的文物古迹，自然应该受到世人的重点保护和关注。1988年1月13日，福陵被国务院列为全国文物保护单位。2004年7月1日，福陵被联合国教科文组织列入《世界文化遗产名录》。

下面将福陵的主要建筑简单介绍一下。

下马牌，福陵原有下马牌六座，且牌身上面的文字有所区别。其中，位于陵前左右两侧即现在新开河南岸各设有一座下马牌，牌身上由左至右用满、蒙、藏、回、汉五种文字分别镌刻"诸王以下官员人等至此下马"字样。位于石牌坊前（南面）的两座下马牌及福陵东西红门前的各一座下马牌，牌身上由左至右用汉、满、蒙三种文字分别镌刻"官员人等至此下马"字样。

本来，在乾隆四十四年（1779）前，福陵就已有石下马牌和木下马牌

福陵五种字体下马牌

福陵东红门三种文字下马牌

两种。乾隆四十八年（1783）九月，乾隆帝下旨将永陵、福陵和昭陵等陵鹿角木外的木下马牌改为五种文字为一体的石下马牌，"以示国家一统和同文之盛"。乾隆四十九年（1784）五月二十五日，福陵五种字体下马牌动工兴建。

石牌坊，又称下马牌坊。在福陵大红门东、西两侧各有一座四柱三楼歇山顶式仿木结构石牌坊，又称冲天牌楼。福陵石牌坊的梁枋、斗栱、檐椽、吻兽等均是褐色砂石所制。牌坊石柱为方形，石柱顶端是石露盘，上面设有一坐状石兽——蹲龙（又称"望天吼"），两座石牌坊的蹲龙头部朝东西向，面面相对。柱子下部为基座，基座上雕刻缠枝莲、仙人、仙鹿、松柏、麒麟等吉瑞图案，基座前后各有一块加固作用的抱鼓石，鼓心是莲花形，下面雕刻有锦袱，锦袱两角各坠古钱一枚，抱鼓石下是须弥座，岔角石上雕刻缠枝莲，抱鼓石上有通透的圆孔。有人称圆孔为拴马时所用，

福陵下马牌坊

福陵下马牌坊抱鼓石

福陵下马牌坊枋额上的三种字体文字

笔者对这种说法持怀疑态度。

两座石牌坊面朝东西向，梁枋上浮雕双龙戏火珠的图案。内向正中枋额上雕刻仙人献宝、松、柏、祥云、海水等图案。外向枋额正中刻有竖写的满、蒙、汉三种文字，满文居左，汉字居中，蒙文居右，文字内容是"往来人等至此下马，如违，定依法处"。南间枋心外向雕刻鲤鱼跃龙门、仙人击鼓；内向雕刻海水江崖、仙人童子。北间枋心外向仙人、蟒蛇、祥云；内向雕刻仙人骑兽、神鸟、海水江崖。

据《清太宗文皇帝实录》记载，福陵石牌坊是天聪三年（1629）二月以后所建。

华表，又称"擎天柱"。福陵的华表共有三对，分为两种样式，它们的位置分别在石牌坊以北的福陵大红门前和陵内石像生的南、北两端。陵外与陵内的华表样式不一样，而陵内的两对华表样式是一样的。福陵的三对华表底座四周没有设石护栏。

据《清世祖章皇帝实录》记载，顺治七年（1650）四月二十五日，福陵"立擎天柱四，望柱二"。按照这个说法，福陵大红门前的一对华表被称为"望柱"，可是参照关内清陵的望柱样式，福陵大红门前的华表却有云板，关内的望柱没有云板，而且望柱柱头是圆柱体，不是雕刻的石兽，其望柱的位置位于石像生之南，石像生又均位于风水墙内，因此，现在的研究者将福陵大红门前的那对"望柱"称为"华表"。

据查，位于福陵大红门前的一对华表，其天盘为莲花座，上面各设有一石兽，石兽为石狮子，两只狮子头朝向

福陵大红门前西侧的华表

福陵大红门前西侧华表的云板上刻有"月"字

为面面相对。其下为一横插的石
云板，云板方向为东西向，圆形
石与狮子头为同向，其中西侧云
板的圆形石面上刻有一个"月"
字，东侧则刻有一个"日"字，
寓意福陵与日月同辉，该柱体为
八面光素。底座为素面正方形须
弥座。

　　据查，位于福陵陵内石像生
南、北两侧的两对华表，规制古
朴，雕刻精美。其天盘为莲花
座，上面设有一石兽，石兽的样
子似犬非犬，长尾与鬃发相连，
浑身瘦骨嶙峋，做昂首翘尾引颈
高鸣状，被称为蹲龙（或"望天

福陵大红门内的华表

吼"）。两对华表上的蹲龙头朝向为东西向的面对面。云板雕满云纹，朝向
为东西向。华表台基为方形，底座为须弥座，束腰为八角形上下两层，均
雕有吉祥图案。其中，上层雕刻如意、猴、鹤、神鸟、山石、祥云、月、
牡丹、狮、灵芝。下层雕刻口衔灵芝的鹿、松、猴、蜂、官印、麒麟、犀
牛、月、鱼龙、狮、天马、虎，寓意"松鹤延年""封侯挂印""太师少
师""吉祥富贵"等。在底座各个角之间用竹节式纹饰为间隔，台基上立
有四只小石兽。华表柱体为八棱形，上面浮雕祥云和蟠龙。

　　石狮子。位于福陵大红门前的东西两侧。

　　大红门，又称正红门，是福陵的总门户。门的两侧与风水墙相连，单
檐歇山式黄琉璃瓦顶，砖石垒砌，建有两尺高石台基，石台基无护栏。大
红门面阔十二米，深六点九米，有三个拱券式门，中门称为神门，左门
（东门）为君门，右门（西门）为臣门。门的上方均镶有半圆形券脸石，

福陵大红门前的石狮

福陵大红门

券脸石上雕刻二龙戏珠，其中中门正中券脸石上为火焰珠。券脸石下部的腰线石上均雕刻行龙，其下明间正面雕刻海水云龙，次间为行龙。门洞为素面，门洞门为对开门，每扇门上原有九九八十一颗镏金门钉，已丢失。门洞两侧墙壁上各有一圆形孔洞称为"墙槽"，是安穿门杠封门用的。门的前后各有三路踏跺。

袖壁。福陵大红门东西两侧的风水红墙上，各建有一座琉璃照壁墙，被称为袖壁。袖壁正中为一如意形图案，建筑术语叫"盒子"，图案为海水云龙，蛟龙在汹涌澎湃的海水云朵之中升腾，龙身虬曲而龙爪有力，龙

福陵大红门西侧袖壁

福陵袖壁中心"盒子"

福陵大红门袖壁上有字

口大张，海水云彩为绿色，龙鳍、龙角、龙须、龙爪以及海浪的波纹线均为白色，龙身的鳞甲为黑红色，整个图案颜色鲜明，形态逼真，动感十足。"盒子"图案是由多块小构件拼凑而成，小构件上有字，标注小构件摆放位置。袖壁的四角镶嵌有琉璃岔角花。

东西红门。福陵风水红墙的东西两面各设有一座门，称为东垣红门和西垣红门，简称为东红门和西红门。两门的面阔为一间，门的台基较低，门的前后各有台阶，其样式与大红门相仿，只是门券脸、腰线石上的雕刻花纹不同，多为花卉、树木等。

福陵西红门

　　石像生，又称"石翁仲"或"石兽群"。福陵的石像生由南往北依次是卧石骆驼、立石马、坐石虎和坐石狮，共计四对。其中，福陵石像生立于顺治七年（1650）四月二十五日；顺治十六年（1659）又增修石基座，所以福陵石像生的基座显得比较大，且石兽石料与底座石料也不相同。值得注意的是，福陵石像生中只有石兽而没有石人。

福陵石像生之卧骆驼

福陵石像生之立马

福陵石像生之石虎

福陵石像生之坐狮

卧骆驼。骆驼素有 "沙漠之舟" 之称，是古时北方的重要交通运输工具之一。在福陵立卧骆驼，不但象征着威仪，还有表示其 "驯顺" 之意。为什么这么说呢？原来，据说这是因为自努尔哈赤与蒙古联姻、结盟后，蒙古朝贺盛京时所献的贡品都是八匹马和一头白骆驼，故此，福陵石像生中的石骆驼被称为 "九白之贡"，而卧骆驼则有臣服之意。

立石马。满族历来注重骑射，生活和狩猎都离不开马，驰骋战场就更离不开马，因此在努尔哈赤时代，战马所立下的军功是无可替代的。为了表彰战马的功勋卓越，故在福陵立有石马。

坐石虎。将虎列入石像生，在清皇陵中是福陵所特有的。古代说法，虎为阳物，是百兽之首，故以虎守墓。然而石虎石像生仅是作为明朝和清入关后大臣墓地所用。故此，之后的昭陵、清东陵、清西陵石像生中，就再也没有 "虎" 这一石兽了。值得注意的是，福陵之石虎不仅造型奇特，而且还有雄、雌之分，神道东侧的石虎为雄虎，嘴闭着；西侧的石虎为雌虎，嘴张着，笑嘻嘻的样子，并且雌虎的两虎爪之间有一只幼虎。目前，雌虎两虎爪之间的幼虎已被破坏。

坐石狮。将石狮子列入石像生之中由来已久。福陵神道东侧石狮子为雄性，西侧石狮子为雌性。福陵雌性石狮子很有个性，左足下踩着一只幼狮，另一只幼狮在两腿间缠绕在左足上嬉戏。

神桥，又称 "卧波桥"。福陵神桥有两座，分别在天柱山斜坡上的一百零八级台阶的南端和一百零八级台阶的中间。神桥，顾名思义，就是建在神道上的桥，是为了排出雨水而架设的排水沟。福陵的神桥为一券，其券孔为砖砌，券拱的券脸石雕刻有二龙戏珠，神桥两侧不是石制栏杆栏板，而是砖砌的花墙式护墙。护墙一段为立柱石，立柱石上雕刻有一只小石狮。这种样式的拱桥，只有福陵独有。

一百零八磴。位于神桥之北，与神桥相接之处是一百零八级台阶，是为了进入福陵主体建筑而修建的，因为有一百零八级台阶，所以称一百零八磴。福陵的建筑分为山上和山下两部分，其主体建筑均建在山上，前寝

福陵神桥

福陵神桥

福陵神桥立柱石小狮

福陵一百零八蹬（台阶）

部分建在山下的平坦之地，两部分之间是山坡，故在山坡上修筑了宽七米、长约四十米的台阶，台阶全部用青砖砌成。因年长日久，砖块酥裂残破严重，后来改用条石砌成。台阶两侧有高约一米的扶手墙。

对于这个台阶为什么砌成一百零八级，在当地有三种说法。

一、相传天上有三十六天罡星和七十二地煞星，都是不吉祥的星宿。例如《水浒传》中的一百零八条梁山好汉就是这些星宿下凡的。把人们往来行走的台阶做成一百零八级，目的是将这些天罡、地煞星踩于脚下，以保福陵、大清社稷平安稳定，福运长久。

二、出自佛教说法。因为佛教特别推崇一百零八这个数字，认为这数字具有神秘性，因此这一百零八的数字在佛教中经常使用，如挂在项上的朝珠是一百零八颗、寺庙的钟要撞一百零八下、和尚念咒要一百零八遍等。

三、与天象星座有关。其中，一象征太阳，一百象征太阳光线，七象征反射太阳光线的七颗星星。

神功圣德碑亭。位于一百零八级台阶之北，建于康熙二十七年（1688）。碑亭为九脊重檐歇山顶式，黄琉璃瓦覆顶，飞檐斗拱，枋、柱、檩、椽等各处均饰彩画，四面红墙，每面墙上均设有拱券门一座，下部有半米高的方形台基，四面各设五级踏跺。亭内正中立有"大清福陵神功圣德碑"一统，龙首龟趺。龙趺下是水盘，水盘上雕刻有海水江崖，水盘四角分别雕刻鱼、龟、虾、蟹。福陵神功圣德碑文为满、汉两种文字刻写，

福陵神功圣德碑亭

福陵神功圣德碑

福陵神功圣德碑水盘四角雕刻之鱼

福陵神功圣德碑水盘四角雕刻之龟

福陵神功圣德碑水盘四角雕刻之虾

福陵神功圣德碑水盘四角雕刻之蟹

汉文在左，满文在右，碑文有两千余字，内容是歌颂努尔哈赤开国创业的丰功伟绩，碑文最后落款是康熙帝名字。实际上，福陵神功圣德碑的碑文书写者是清朝著名书法家顾观庐。

福陵神功圣德碑有一奇怪现象，每当阴雨天气，石碑的背面就会出现一位如同观音菩萨的影像。这种影像被称为神碑幻影或美女石。

神龟流泪。传说，当初在福陵立"神功圣德碑"时，由于对汉文化理解有误，因此将驮负石碑的赑屃误雕成乌龟了。康熙帝东巡时发现这一错误，令人将其更换，并弃之西红门外。忠心耿耿驮负石碑六十余年的老龟，只能可怜地每天伸着脖子眼望东南方向，每当下雨的时候，老龟的眼里就会流下伤心的泪。于是，人们称这被废弃的石龟为"神龟流泪"。对于石龟和残留的石碑碑头具体历史情况如何，目前尚未发现档案记载。

福陵的神龟流泪东侧的碑座

福陵被废碑头

福陵龙首。在神功圣德碑亭四周是青砖墁地，俗称海墁。在神功圣德碑亭南面的海墁地上，左右卧伏着两只龙首，龙口上颚张开，龙角与龙须贴伏在龙头上，半遮着龙目，样子似乎像在吐水。

福陵神功圣德碑亭和隆恩门之间的东西两侧，相向而建的是祭祀用房以及值班用房，这些建筑规制

福陵神功圣德碑亭底座前的龙首

均为单檐歇山顶式带回廊的青砖青瓦房。东侧南面为膳房，北面是茶房；西侧南为齐班房，中间是涤器房，北是果房。在它们之后则是省牲所、晾果楼。其建筑功能介绍如下：

齐班房，也称大班房。位于神功圣德碑亭西侧之北，建筑规制不详，是守护陵寝官员当值休息的场所。目前仅有遗址。

省牲所，又称"打牲亭"。位于齐班房的后面，建筑规制不详，是屠

福陵的膳房（近）和茶房（远）

福陵省牲所

福陵果房

宰、加工、存储祭祀用牛羊等牲畜的场所。

涤器房。位于齐班房之北，面阔三间，进深两间，明间开门，四面出廊，青砖布瓦砌造，是清洗和存放祭祀祭器的场所。目前仅有遗址。

果房。位于涤器房之北，面阔三间，进深两间，明间开门，四面出廊，青砖布瓦砌造，是清洗和制备果品及蔬菜的场所。

晾果楼。位于果房的后面，上下两层，建筑规制不详，是存贮祭祀用果品和蔬菜的场所。目前仅有遗址。

膳房。位于神功圣德碑亭东侧之北，面阔三间，进深两间，明间开门，四面出廊，青砖布瓦砌造，是制作祭祀用的各式菜肴和各种面食的场所。

茶房。位于膳房之北，面阔三间，进深两间，明间开门，四面出廊，青砖布瓦砌造，是制作祭祀用奶茶的场所。

方城。位于祭祀用房之北，方城城墙外沿作雉堞，内沿作宇墙，中间是马道，马道青砖铺就宽五点四米，马道路面由外向内倾斜。方城正南和正北有两座门，为出入方城之通道。门之北的东西两侧，各有一条直线形登城马道。马道为青砖立砌，外侧有扶手墙。方城四角各建有一座两层角楼，单檐歇山十字脊式顶，大脊正中有一巨大的琉璃宝瓶为楼顶，飞檐四角垂有铁质惊雀铃，四面出廊，正中有拱形门，木门对开，内设楼梯上下。

福陵方城

福陵角楼

福陵方城初建于顺治十六年（1659）二月前。对此，顺治十六年
（1659）二月初九日《清世祖章皇帝实录》有如下记载：

> 掌管看守福陵关防拜他喇布勒哈番品级穆舒等移文工部称：
> 遵旨起建福陵城之四隅角楼各一，两旁衔门各五间，披门各一，
> 八石马鞍（笔者注：此处应该为"八石像生"）俱经细镌，并换石
> 座。皇城墙垣，俱已修茸。

隆恩门。福陵的方城南门被称为隆恩门，门的券脸上雕刻双龙戏珠，
腰线石上雕刻单龙戏珠，下部门外是海水鱼龙，下部门内雕刻云龙戏兽。
隆恩门南北两面门楣正中是石制门额，上面用蒙、满、汉三种文字镌刻着

福陵隆恩门及隆恩楼

福陵隆恩门门额

"隆恩门"，蒙文居左，满文居中，汉文居右。顶部为三层檐歇山顶城楼式建筑，门楼面阔三间、进深两间，内有楼梯上下，四面有窗且出廊。其规制与沈阳故宫凤凰楼相似，有人因此称之为五凤楼，这是不对的。此建筑正式名称为"隆恩楼"。隆恩楼殿脊东面螭吻上带有"日"字，西面螭吻上带有"月"字。

福陵隆恩门门扇及门栓洞

福陵隆恩门门扇羊面铺首门环

福陵隆恩门门洞通道地面上的挡门石

隆恩门进深十二点三米，宽三点零九米，门洞正中设有两扇对开实榻木门，外包铁皮，为六路九行门钉，门上有羊面铺首门环一对，门洞内门外有门杠所用"墙槽"叫门栓洞，"墙槽"石上涂有蓝绿色。门洞门扇前地面中间设有一块挡门石。门前有一月台，月台前设有三路踏跺，月台左右两侧各设有一路踏跺。门外月台上原有方砖铺成的方形丹墀，是拜陵官员行礼之处。

东配殿。福陵的东、西配殿均为单檐歇山顶，黄琉璃瓦覆顶，四面出廊，面阔三间。其中，东配殿的功能有两个：一是存放祝板和制帛；二是维修隆恩殿时，其间如遇祭祀，一律改在东配殿举行，临时供奉隆恩殿神牌。因此，东配殿内存有龙亭两座、祝板一件、制帛一件、暖阁一座、御塌一个、拜褥一件。

西配殿。西配殿的功能，目前仅知道，自乾隆五十二年（1787）二月后，每逢帝、后忌辰（又称"素服日"）举行大祭时，供喇嘛在里面诵满洲版《药师经》。在乾隆五十二年（1787）之前，西配殿的功能为何，目前尚不清楚。念经时，西配殿殿内陈设为：居中是方桌一张，祭祀时桌上放有一尊用白面和菜籽油制成的喇嘛塔（大肚塔），喇嘛塔对面的西墙上挂有佛像及"唐卡"（佛画）。方桌的南、北各设有低矮的条桌、长凳，供喇嘛祭祀时敲打法器、口念经咒使用。

福陵东配殿

福陵西配殿

焚帛炉，又称"焚帛亭"或"燎炉"，是陵寝大祭时焚化祝板、制帛等祭品的地方。福陵焚帛炉位于隆恩殿西南角，是一座汉白玉制作的小型亭子式建筑，全高二点四六米，下部是方形须弥座，座上雕刻纹饰图案，歇山式屋顶，大脊、垂脊、勾头、椽

焚帛炉

望、斗栱等全部用青白石雕刻，炉身四面有屏风式门扇，每面各四扇。亭内有一圆形火池，直径零点七米，火池四面各有风孔，东、西山墙也各有一钱形通风孔。

福陵焚帛炉　炉内圆形火池

福陵隆恩殿

隆恩殿。福陵的隆恩殿与永陵的启运殿虽然名称不同，两者规制也有所不同，但建筑功能相同。福陵的隆恩殿建在高大宽敞的石砌的台基之上，为单檐歇山顶，黄琉璃瓦覆顶，面阔三间，檐下悬挂蓝底金字的"隆恩殿"三字匾额一块，满文居中，汉文居左，蒙文居右，并且汉文字体较小。隆恩殿正面为四门八扇，即四扇门和八扇窗户，周围出二十根红漆廊柱，廊柱下是花覆莲式柱础。殿脊东面螭吻上带有"日"字，西面螭吻上带有"月"字。殿前有一路三级台阶，台阶两侧有一块垂带石，垂带石上雕刻三蔓草。

隆恩殿前为月台，台基及月台

福陵隆恩殿的斗匾

福陵隆恩殿殿基前踏跺

福陵隆恩殿窗棂

福陵隆恩殿门扇

四周环以雕刻精美的护栏、望柱。望柱头分为两种，一种是蹲坐的小石狮，一种是雕刻花纹的蕉叶形柱，护栏的栏板为透雕。台基的须弥座上也布满了蔓草、卷叶花、石榴花等纹饰的精美雕刻。台基上的地面四角处有圆形排水口，外侧是出水口的苍龙头。月台前有三路踏跺，踏跺两侧均为透雕护栏，护栏的抱鼓石为戗柱石狮。其中，中路踏跺正中设有一块丹陛石，丹陛石为多块石料拼接而成，上面雕刻有二龙戏珠和寿山福海图案。月台前砖地上的东西两侧，各有一座坐狮，守护在东西两侧踏跺前的外侧面。

福陵隆恩殿月台踏跺处栏杆

福陵隆恩殿月台的石栏杆

福陵隆恩殿月台苍龙头

福陵隆恩殿月台前的丹陛石

福陵隆恩殿月台前神路东侧的石狮子

　　隆恩殿是供奉神牌和举行祭祀的场所，殿内不装饰天花，全部梁架裸露，施以彩画，这种做法被称为"彻上明造"，是关外清初建筑特点。殿

福陵隆恩殿内不装饰天花，全部梁架裸露，施以彩画

内有神龛一座，神龛内设宝床，陈设有被、褥、枕等用品，宝床上设香龛。香龛内供奉太祖努尔哈赤和孝慈高皇后的神牌，神龛挂有帷幔，旁边有挂衣服的架子。神龛前陈设有龙凤宝座两座，宝座前有供案，供案上铺设有黄云缎桌衣。供案前两侧

有配案，两侧设有朝灯六座。供案前有五个黑漆圆形香几，上面设有乾隆四十三年（1778）制珐琅五供一套。

福陵隆恩殿内的神龛及陈设

二柱门，又称"棂星门"。造型为夹山顶，两旁各有一根方形石柱，石柱高约七米，直径约零点四米，石柱前后有抱鼓石，顶部是方形须弥座，座上有一被称为"望天吼"的石兽，两石兽均坐南面北，背向隆恩殿

福陵二柱门

福陵二柱门上的石兽背向隆恩殿

方向。二柱外距七点八六米，门宽二点一米，二柱间的楼顶铺有黄琉璃瓦，檐梁下为木制斗栱，两额枋间为绦花板。额枋下为槛框，门为两扇。门扇为木板，隔扇式，隔心为竖板条，裙板光素。门扇上下有门轴和门框。平时此门并不打开，只有皇帝谒陵时才开启，是皇帝跪祭献祭酒和举哀之处。

福陵石五供

福陵方城明楼

福陵明楼上的斗匾
上面是用三种文字撰写的福陵陵名

石五供，又称"石供台""石祭台"或"石几筵"。位于二柱门之后（北），是长条形石祭台。上面由东往西摆设有石烛台、石花瓶、石香炉、石花瓶、石烛台，共五件石器，用以象征香火长明。石祭台为青白石制作，长六点二米，宽一点六六米，高约一点三三米。上枋雕刻缠枝莲，下枋雕刻杂宝。

明楼。位于方城北门（俗称"古洞门"）之顶部，是康熙四年（1665）三月所建，重檐歇山顶方形建筑，黄琉璃瓦覆顶，梁枋绘有彩画。四面各有拱形券门，屋檐下的南面悬挂斗匾，上面用蒙、满、汉三种文字题写"福陵"二字，蒙文居右，满文居中，汉文居左。

朱砂碑。明楼内正中立石碑一统，碑额用篆体镌刻"大清"二字。碑身正面（南面）以蒙、满、汉三种文字镌刻"太祖高皇帝之陵"七个大字，蒙文居右、满文居中，汉文居左。因碑身通体涂有朱砂，故此碑又称朱砂碑。碑座为须弥座，上枋南北面刻有二龙戏珠，东西两侧刻有火焰宝珠和行龙。此碑立于康熙四年（1665）正月。

哑巴院及月牙城。哑巴院位于方城以北，这种建筑是明清皇陵的一个主要特点，在明朝皇陵之前并没有这种建筑。它的形成是因为方城与半圆形宝城之间出现的一个特殊空间。因其北端宝城墙为内向弧形，形似月牙，故有人又称此墙为月牙城。哑巴院两端建有登城马道，用以上下方城和宝城。

福陵明楼里的朱砂碑旧影

福陵明楼修复后的朱砂碑

福陵哑巴院

琉璃影壁。哑巴院的北墙月牙城正中镶嵌有一座琉璃影壁，影壁正中镶嵌有象征富贵的牡丹花及花盆，影壁四角处也镶嵌有牡丹花。

福陵琉璃影壁

福陵月牙城琉璃影壁的中心花

影壁之下既是神道的终点，也是进入地宫的入口处。影壁上的琉璃图案只起装饰和美化作用，但也有人称之有所暗寓，说上面的十一朵牡丹花与清朝十一位皇帝数目及其在位时间长短有关，其中七朵完全绽开的代表清朝七位成年皇帝，两朵半开半放的代表咸丰帝和光绪帝，两朵含苞待放的代表顺治帝和同治帝。其实，这些都是巧合而已，不足为信。

宝城。为青砖垒起而成的半圆形城，城墙顶的外侧为雉堞，内为宇墙。马道的倾斜与方城相反，朝外侧倾斜，排水沟为"荷叶沟"，在雉堞内侧之下。

福陵宝顶

宝顶。宝城的正中为一圆形高大的坟丘，坟丘的顶部正中长有一棵榆树，被称为"神树"，坟丘的四周也长有一些榆树。宝顶的下面为地宫，葬有努尔哈赤及其皇后。

三、福陵建筑特色

虽然福陵营建较早，但由于它的建筑及其规制是由清朝几代皇帝增建、扩建而形成的，因此它既有清初满族建筑特色，又融会了入关后明陵的一些建筑特点，并且还有自己的特点。

下面，通过实地考察，介绍福陵的建筑具有以下三十二个特点。

一、牌坊式的下马标志。福陵不但有下马牌，还建有下马石牌坊。按中国古代的传统做法，牌坊是建筑组群大门前的标志性建筑，大多数只在陵寝前门正面建一座，以此能起到烘托高大建筑作用。而福陵正红门前两侧却建有两座四柱三间三楼式的石牌坊，相对而立。所起到作用却是武官下马、文官落轿。用石牌坊作为下马的标志，而且可能还有拴马桩的作用，这在清朝皇陵中还是唯一的特例。

二、下马牌坊上的文字排列顺序独特。在福陵的这两座下马牌坊正面上用满、蒙、汉三种文字镌刻"往来人等至此下马，如违定依法处"，满文居左，汉文居中，蒙文居右。这三种文字排列顺序特殊，按照清朝牌匾文字排列顺序规律，应该是满文居中，蒙文居左，汉文居右。然而，福陵这两座下马牌坊上的文字，居然是汉文居中，蒙文居右，满文居左。而福陵隆恩殿、明楼匾额上的文字，都是满文居中，蒙文居左，汉文居右。因此，福陵下马牌坊上的文字排列有违既定规制。因此，福陵下马牌坊这个文字排列顺序特点是清陵中所独有的。

三、福陵大红门很是简朴。福陵的大红门建筑样式虽然与昭陵相同，但福陵大红门墙面装饰却简单朴素，没有门额，门前月台也没有建石栏杆。

四、福陵东、西红门两侧墙上没有建琉璃袖壁。福陵的东、西红门建筑规制虽然与昭陵相同，但福陵东、西红门的两侧墙上，却没有建琉璃袖壁。

五、福陵的西红门外，废弃的神龟和残存的石碑碑头为福陵所特有。

六、福陵的石像生设立位置特殊。福陵和昭陵石像生均建在神功圣德碑亭的南面。而关内清陵的石像生,均是建在神功圣德碑亭北面。因此,福陵石像生设立位置与关内清陵不同。

七、福陵的石像生很奇特。福陵的石像生从南到北依次是卧骆驼、立马、坐虎、坐狮,共有四对,非但没有文臣、武士石像生,而且这四种兽类均为现实生活中存在的,没有能驱邪避凶镇墓之类的瑞兽,如麒麟、獬豸。

说福陵石像生奇特,有四个看点:一是因为它的数量是所有有石像生的清陵中最少的;二是它的石像生排列次序独特。昭陵石像生排列次序由南往北是坐狮、坐獬豸、坐麒麟、立马、卧骆驼、立象,其中福陵与昭陵都共有的石像生有卧骆驼、立马、坐狮,但两陵的排列次序却相反;三是石像生的底座比石像生都大,但却都是由多块石料拼接而成;四是石兽与底座石料不同。

福陵石像生之雌狮

八、奇特的石虎。将石虎作为石像生,是福陵所特有的。因石虎作为石像生,仅是明朝和清入关后大臣墓地所用。不仅如此,福陵之石虎造型奇特很萌,还有雄、雌性别之分。在清陵中,这也是福陵所独有的。

九、怪异的石狮。福陵石狮子很是奇怪,说它奇怪,一是石狮子分为雌雄,二是雌性狮子左脚下踩幼狮,并且左腿上还有一只幼狮。这是福陵所独有的。其他清陵石狮,昭陵左脚下是幼狮,但左腿上没有幼狮;而清东陵和清西陵石狮,脚下无任何东西。

十、福陵内外的华表不相同。福陵的三对华表,其中大红门内石像生两端的两对华表是一样的。福陵大红门前左右两侧设立的华表与大红门内石像生两侧设立的华表,名称虽然相同,但规制和雕刻却不相同。大红门外的华表简朴,柱体为八方、云板处为对接、底座为方形须弥座,无纹饰，华表顶端石兽为石狮子，东西两侧的云板上分别刻有"日""月"两字，云板朝向为东西向；大红门内石像生两侧的华表豪华奢侈，柱体为云龙纹饰，顶端石兽为蹲龙，云板雕刻云纹，底座为八方精雕须弥座，且有不知名的小石兽。福陵的这三对华表底座都没有设石栏杆。华表顶端雕刻石狮子及华表底座未设石栏杆，这在清陵中均是福陵所独有的。

十一、一百零八磴。福陵一百零八磴的出现，是因为福陵建在山上的这种特殊的地理位置所造成的。因此，这种奇特建筑形式也仅有福陵独有。

十二、单孔拱券式神桥。在一百零八磴的南端和中间各有一座单孔神桥，其作用是排泄山上的雨水。福陵的神桥，其券孔为砖砌，券脸石上雕刻六龙戏珠，桥两侧不是石制栏杆栏板，而是砖砌的花墙式护墙，并且建在山上。因此，福陵的神桥为清陵中所独有。

十三、神功圣德碑亭底座前的石雕龙首。在福陵神功圣德碑亭底座前的左右两侧，各有一个镶嵌在地面的石制大嘴怪兽，被称为龙首。看其形态，像是在水中爬行。这在清陵中，仅福陵有此雕刻。

十四、福陵神功圣德碑亭建在泊岸上。由于地势的缘故，福陵神功圣德碑亭的南面建了一道泊岸，在泊岸之南建踏跺与神功圣德碑亭南面之台基踏跺直接连接，故福陵神功圣德碑亭南面踏跺比较多。

十五、带有防御性质的方城。福陵的方城规制比较特殊，是按带有防御性质的都城之规制营建的。

古代都城，有"内城"和"外郭"之分，即有内外两重城墙，层层设防，增加了保险系数。还在城墙的拐角处建角楼，既便于防守屯兵，观察敌情，也有美化城市的作用。福陵有许多方面都有类似内容：福陵外有风水红墙，内有方城，如同"外郭"和"内城"。福陵方城城墙外沿作雉堞，内沿作宇墙，中间是马道，方城拐角处建有角楼，这些都与城池设置几乎无异。方城的南大门隆恩门是三层檐的高大城楼，下建城台，有拱券式门洞，近似于北京的永定门、正阳门等高大城门。清陵中，除了福陵、昭陵才有这种奇特规制外，其他清陵均没有。

十六、福陵的隆恩门门额与众不同。福陵隆恩门门额位于隆恩门拱形雕龙券脸之上，是一块镶嵌的石额，石额外椽有三层边框，最外一层底色为朱红色，四角嵌有雕花岔角，第一层和第二层边框有纹饰，且第二层紧贴着第三层，第三层边框雕刻龙纹，石额镶嵌在第三层边框中间，为长方形，上面镌刻"隆恩门"三字的满、蒙、汉三种文字，满文居中，蒙文居左，汉文居右，均竖书，底是蓝色。

福陵隆恩门门额样式，与昭陵不同，昭陵隆恩门门额有两层边框，第二层边框左右两侧外的地方各雕刻有一条云龙，第二层边框中间为石额，石额底色是黑色，上面镌刻"隆恩门"三字的蒙、满、汉三种文字，满文居中，蒙文居左，汉文居右。而福陵隆恩门门额与关内其他清陵就更不同了，关内清陵的隆恩门建筑与其不同，也没有门额，但悬挂斗匾。

十七、隆恩门的"门"有四个特点。一是门栓不在大门里面，而是横插在大门外面。二是门栓洞雕刻精美，并施以彩绘。三是辅首造型独特，为双角羊头。据说因为努尔哈赤属羊，所以加了羊角改成了羊头。四是门洞地面正中有一个挡门槛。在福陵隆恩门两扇木门关闭处地面上，设有一个长方柱体的挡门槛，又称拦门石，用以挡在两扇木门南面，借此固定关闭的木门。这些都是福陵所特有的。

福陵隆恩门月台西侧

十八、隆恩门前的月台与众不同。福陵隆恩门直接坐落在砖面月台上，月台前有三路踏跺，月台左右两侧各有一路踏跺。这与昭陵隆恩门不同，昭陵隆恩门前没有月台。

十九、福陵的石狮子。在福陵隆恩殿月台前面的左右两侧砖地面上，各设有一个小石狮子。这点是其他清陵所没有的。

二十、简朴的石制焚帛炉。福陵的焚帛炉是用汉白玉石所制，底座是很低的雕花须弥座，炉内为一圆形火池，在外观上更像是一个小亭子。焚帛炉是南开门，即南向是正门。这点与关内清陵不一样。与昭陵相比，福陵焚帛炉像是没有底座，估计很可能底座有部分丢失或者掩埋入地下。

二十一、透雕的石栏杆、石栏板及排水龙头等。福陵隆恩殿月台上的石栏杆、石栏板比较特殊，月台前石栏杆的柱头分别为小石狮子和无雕饰的方须弥座；栏板则是透雕形式。护栏的栏杆柱头分为两种，一种是小石狮子，一种是蕉叶形方柱；台阶两侧栏板底端栏杆柱则用石狮子代替抱鼓石；台阶侧立面也有雕刻。这些在清陵中，均为福陵所独有。福陵隆恩殿月台上的雨水等积水则是通过月台四角上的苍龙头石嘴排出，这点与昭陵相同，但与关内清陵不同。

二十二、虽然明、清建筑中的月台四周也有石栏杆围绕，石栏杆由石栏柱、石栏板和地伏三部分组成，但大多数情况下是只有简单的曲纹雕刻，雕刻图案的都很少。然而，福陵的石栏板不但有图案，且还是镂刻雕刻的，像剪窗花那样将石栏板刻通、刻透、刻穿，这样不但精美，而且可以显示尊贵。清陵中，只有福陵有这种罕见的透雕石栏板。

二十三、隆恩殿月台前的丹陛石。福陵隆恩殿月台前的三路台阶的中路台阶正中，镶嵌有一块浮雕丹陛石，上面的图案为一上一下的双龙戏珠。而且丹陛石是数块石料拼接而成。福陵丹陛石的这种雕刻及样式与关内清陵不同，但昭陵与此是相同的，只是昭陵的丹陛石比福陵的要长很多。

二十四、福陵隆恩殿台基与月台之间，建有一路垂带踏跺，踏跺的两条垂带表面雕刻

福陵隆恩殿月台栏杆

有蔓草，垂带下端为卷鼻式，踏跺立侧面也有雕刻。这在所有清陵中，福陵是独有的。

二十五、福陵隆恩殿前的月台上空空荡荡。在福陵隆恩殿前的月台上，与新宾永陵和沈阳昭陵一样，都没有设关内的帝、后陵隆恩殿月台上常见的铜炉、铜鹿和铜鹤等。这虽然不是福陵所独有，但也算得上是福陵的一个特色。

二十六、福陵隆恩殿月台只有三路踏跺。福陵隆恩殿前月台，虽然设有石栏杆，但其月台只在正面设有三路踏跺，这点与昭陵相同，与关内清陵不同。

二十七、二柱门上的石兽蹲坐方向。在福陵隆恩殿与石五供之间，有一座两根方形石柱夹立的单楼木枋牌坊，称为二柱门。在此二柱门石柱的顶端，各有一个被称为蹲龙（又称"望天吼"）的石兽，石兽的蹲坐方向是坐南朝北。福陵的这点和昭陵相同，但与关内其他皇陵不同，关内的清陵二柱门门柱上的蹲龙坐立方向则是面对面的东西向。

二十八、福陵哑巴院内的砖地面与众不同。福陵哑巴院内只有琉璃影壁前面设砖漫地，其通往明楼方城马道的地方只设有一条砖漫地的道路，其他的地方都是长满青草的泥土地面。这点与昭陵不同，昭陵哑巴院是琉璃影壁及通往明楼马道的地方都设有砖漫地，其他的地方则是泥土地面。这点与关内清陵更不同，关内清陵哑巴院内全部是砖漫地面。

二十九、福陵哑巴院内镶嵌有琉璃影壁的北墙，其形状为半弧形，犹如月牙，故有人称此墙为月牙城。福陵的这点与昭陵相同，但与关内清陵不同，关内清陵哑巴院北墙都是东西向的直线形，没有弧度。

三十、福陵和昭陵的哑巴院的磴道位于南面的方城门洞左右两侧，这点与关内清陵又不相同，关内清陵磴道均是位于哑巴院的东西两侧。

三十一、福陵哑巴院内的琉璃影壁，其中心花和岔角花样式与其他清陵不同。

三十二、福陵主体建筑建在山上。福陵自神桥以北的建筑，都是建在山上。这在清陵是唯一的特例。

以上仅是笔者目前所发现的福陵建筑特点，相信还有很多，尚待继续观察。

四、福陵祭祀典礼

由于受汉族文化的影响，福陵建成后，清朝非常重视福陵的祭祀活动，设置了管理机构，逐步制定了详细的祭祀制度及具体礼仪。下面我们分别从这三个方面来谈谈福陵的祭祀。

一、管理机构

清入关前，守护福陵的官员是十二位马法（满语原意为"老翁"，为清代职官的一种），承担着福陵的守卫、维修、清扫、祭祀等事宜，其最高长官称为总管。

清入关后，为了加强对福陵的保护，顺治八年（1651）添设陵官陵户，规定福陵附近只准八旗守陵户居住。顺治十三年（1656）开始，设置了总管衙门和掌关防衙门。乾隆年间又在盛京设置了三陵总理事务衙门，这是当时管理永陵、福陵、昭陵等关外三陵的最高官方机构。

现将与福陵相关的管理机构介绍如下。

（一）三陵总理事务衙门，设立于乾隆四十八年（1783），总管永陵、福陵、昭陵等关外三陵事务，并管理各陵寝总管衙门和掌关防衙门。衙门最高长官为总理陵寝事务大臣，光绪三十一年（1905）开始，这一职务由盛京将军兼任。其下设三陵承办事务衙门，掌管三陵修缮、祭祀等事务。职官设置有主事、委署主事各一人，读祝官八人，赞礼官十六人，四、五、七品官各一人，六品官四人，员外郎九人。

（二）福陵总管衙门，顺治十三年（1656）在福陵以西一里处设立，是负责守护福陵的陵山、河道、树木及安全的武职机构。衙门最高长官为正三品总管，其下设从三品左、右翼长各一人，分管护陵八旗官兵。各旗各设防御二人，其下设马兵（披甲）。此外，还设有笔帖式、章京、世袭云骑尉、世袭骑都尉等官职人员。

（三）福陵掌关防衙门，掌管福陵的岁修，承办祭祀等，属于文职机构，与总管衙门合署办公，最高长官是正四品掌关防官。其下设副关防官二人，内管领一人（茶膳正兼），副内管领一人。此外，还设有笔帖式、章京、尚膳正、尚膳副、尚茶正、尚茶副、尚膳人、尚茶人、拜唐阿等官职人员。

清朝灭亡后，民国政府于1925年接管了福陵，福陵总管、掌关防等衙门相继被撤销。1931年九一八事变后，三陵总理事务衙门被撤销。

二、祭祀制度

（一）清入关前的祭祀福陵制度

自天聪三年（1629）福陵建陵开始，其祭祀活动就已在进行，但尚未形成定制。直到崇德元年（1636）皇太极建立大清政权后，才定祭福陵典礼。对此，《满文老档》记载：

> 奉圣汗谕旨，定祭太庙、福陵典礼。除夕，圣汗亲往太庙上香举灯致祭，遣员至福陵，刑牛羊致祭。七月，圣汗亲往各庙，刑牛羊致祭，遣员至福陵上香举灯致祭。清明节，汗亲往福陵，刑牛羊致祭，遣员至庙中上香举灯致祭。圣汗诞辰，遣员至福陵献酒果上香举灯致祭，并于庙中上香举灯。太祖、太后忌日，圣汗著素服，出大清门，不鸣锣鼓，不作乐，不事刑赏，不杀生，文武各官俱著素服入见汗，不奏事，特遣勋旧首辅大臣一员往福陵致祭，只备香、灯、酒果等祭物。

从以上档案中可以知道，当时每年要举行六次祭祀福陵大典（大祭），分别是在除夕（也叫岁暮）、中元（七月十五日）、清明、太祖诞辰日、太祖忌日和孝慈高皇后忌日；其中以清明最为隆重，皇帝要亲自前往福陵祭祀。

同时，又规定每月朔、望即初一、十五日也要祭祀福陵，祭祀由盛京礼衙门负责全面，盛京礼部主管，掌管衙门主办，守陵官员致祭，不读祝文，不献帛，是为小祭。

（二）清入关后的祭祀福陵制度

清朝入关后，顺治八年（1651）六月二十日，再定祭祀福陵制度，其内容如下：

> 凡皇帝躬祭，由左门入陵；遣官恭祭，由右门入陵；祭文、祭品由中门入。诸王于牌楼前下马，官员于立红桩处下马。祭典：除清明、中元、岁暮照常致祭，十月朔望、冬至亦各祭一次。祭品：十月朔用酒果，供香烛；冬至用牛、羊、豕，献酒果、上饭、上羹、供香烛、焚帛、读祝文。又定例：和硕亲王以下、文武大臣三品以上，或专往盛京，或道过盛京，俱先谒福陵，于二门外行三跪九叩头礼。及还京时，其辞陵礼亦如之。

从上述档案看出，顺治帝对皇帝和王公大臣拜谒及祭祀福陵的制度、礼仪做出了进一步的规范，并规定"十月朔望、冬至亦各祭一次"，即十月初一、十五日及冬至均为大祭。

三、祭祀礼仪

清朝陵寝祭祀礼仪既仿明制、依汉俗，又结合了女真民族自身的风俗习惯，主要分为大祭、小祭和特祭。福陵大祭包括除夕、中元（七月十五日）、清明、太祖诞辰日、太祖忌日、孝慈高皇后忌日，后来又增加了十月朔望及冬至。小祭包括每月的朔、望，即初一、十五日。特祭指的是因国家大典而在福陵临时举行的告祭礼。

首先，以《满文老档》记载的崇德三年（1638）除夕福陵大祭为例，以便对清入关前的祭陵礼仪形成初步的认识。

　　（十二月）二十九日，循旧制，往福陵点香灯，挂纸钱金银元宝，宰牛羊，设案奠酒致祭。时承祭官阿拜阿哥率众官员入大清门，立于东侧。卯刻，圣汗御崇政殿，立于西侧。阿拜阿哥自东阶升，至阶中跪。国史院大学士刚林奉祭文，汗躬身受，复躬身转授阿拜阿哥。阿拜阿哥跪受，从甬路出。及至福陵，自南路至神位前，陈祭文于西侧。随从各官捧供案四，自甬路升，置神位前。毕，从西阶下，分左右列。导引官希福、库尔缠二员引主祭官自东阶升，至神位前，主祭官跪正中，导引官跪两侧。捧香盒官捧香盒，授东侧导引官，导引官受，转授主祭官，主祭官受，举香盒供献。毕，转授西侧导引官。于是，主祭官起，点香，将香盒转授西侧承接官。导引官前引自西阶下，立于正中。赞礼官赞见，以谒见礼，行一跪三叩头礼。赞礼官赞见，遂起。礼部诸官供献盘肉，自甬路进。时导引官引主祭官从东阶升，亲督献肉。供献毕，从西阶下。导引官前引，立于正中，赞礼官赞跪，即跪。以酒六，依次授导引官布尔吉、阿尔海、德尔德黑，导引官复一一转授主祭官，主祭官举供献。毕，转授西侧导引官，西侧导引官依次转授献酒官石廷柱、巴哈纳、巴彦，一一自甬路下，供献。供献毕，宣读祭文。读毕，跪行三叩头礼，复行二跪六叩头礼。礼毕，焚金银元宝（纸制），众皆出门。

　　从上述记载中可以看出，即使是在清初典制不完善的情况下，其祭陵礼仪也是复杂有序的。随着清入关，典制逐渐完备，祭陵礼仪越发丰富。

　　接下来看看清入关后祭祀福陵礼仪的情况。在这里介绍一下主要的几种礼仪。

　　清明敷土礼。清入关后承明制、依汉俗，在清明祭陵时，要在宝顶上添土，称之为敷土。敷土礼是在福陵隆恩殿大祭礼开始前举行。届时，宝城西侧与宝顶之间搭设一座供承祭大臣敷土的"天桥"，备好挑担一副，筐内盛放着从福陵界桩外取回来的客土（即纯净没有污染的土）。承当敷土礼者是本次祭仪的主祭官，他身着素服，手戴黄布手套，脚穿黄布护履，挑上土担，在礼部官的导引下由天桥上至宝顶敷土处，跪于宝顶之上将土筐拱举、敷土。然后原路退下，更换礼服，至隆恩殿主持大祭。当皇帝亲行敷土礼时，皇帝捧土筐上宝顶敷土，帮扶大臣不上宝顶。嘉庆五年（1800）以后改为由帮扶大臣挑、捧土筐，皇帝只负责在宝顶上敷土。除雍正帝曾跪行敷土景陵宝顶外，其余皇帝行敷土礼，都是走上宝顶，到顶部才下跪敷土，然后再走下宝顶的。

福陵小祭礼。小祭又称"朔望祭"，即在每月的初一、十五日举行。因七月十五日为中元节，十月朔、望即十月初一、十五日又从顺治帝时起定为大祭，故福陵每年的小祭次数为二十一次。小祭时不请神牌出暖阁，只需打开阁门，卷起幔帐面对神位而祭。承祭官从隆恩殿西门入，于殿内拈香三次，从西门出至行礼处，行三跪九叩头之礼。再从中门入，献爵三次，在殿内神位前行三跪九叩头礼。

福陵祭告礼。凡遇国家大典，如皇帝诞辰（即万寿节）、为皇太后上徽号等，均要临时钦派皇子或王公大臣前来行祭告礼，属于特祭。届时，帝后同案，陈果品两盘、羊一只、酒三爵。只启神龛帷幔，不请神牌，礼部赞礼官唱赞、读祝、奠帛、献爵、行礼，以告先祖。

上述祭祀礼仪都只是福陵例行的常规祭祀，因为主祭者大多不是清朝的最高统治者——皇帝。那么，要是皇帝亲临祭祀又将如何呢？下面，介绍一下皇帝亲临参加的祭祀大礼。

从康熙十年（1671）开始，康熙、乾隆、嘉庆、道光等四位皇帝先后共十次东巡盛京，每一次都要亲到福陵主持隆重的祭祀大典，史称展谒礼和大飨礼。

展谒礼过程是这样的：当日，皇帝身穿素服乘坐步舆前往福陵，至东配殿北墙下步舆，从隆恩门进入方城，经隆恩殿东侧，至石祭台前正北处面向宝城站立。司拜褥官在石祭台前铺设拜褥，祭祀开始。皇帝于石祭台正中行三跪九叩头大礼，随行人等也行三跪九叩头礼。礼毕，皇帝起身，走到石祭台东侧站立，再行三祭酒礼。司祭官抬过奠几、金爵和酒，皇帝再跪，双手接盛酒金爵向宝顶高举敬献，每敬一爵叩一次头，所有人等均随之行礼。礼毕，皇帝起身，站在原处面向西举哀。大臣们在举哀时皆东西相向而跪，举哀行礼。最后，皇帝在礼部堂官的引导下，出隆恩门，乘步舆回行宫。

在展谒礼的第二天，举行皇帝祭陵的大飨礼。祭礼前，隆恩殿内努尔哈赤和孝慈高皇后的神位已南向奉安于宝座上，供案上摆放好祭器、供品。皇帝穿礼服、着朝冠，沿前日展谒礼所行之路线入陵，在隆恩殿外等候。祭祀开始，皇帝从隆恩殿左门入，在供案前西向立。待执事官员向神位献茶毕，赞引官引皇帝立于香案拜位前，跪。司香官进香，皇帝接香向神牌拱举，后还给司香官，起立。赞礼官赞"上香"，皇帝上香，回原拜位，行三跪九叩头礼，起立。赞礼官又赞"奠帛爵，行初献礼"。司帛官捧帛，司爵官奉爵，依次到各神位前。司帛官跪，将帛献于案上，行一跪三叩头礼，退。司爵官站立献爵，放于爵垫中，退。读祝官到祝案前行一跪三叩头礼，捧祝板跪于案左，用满语读祝文，皇帝跪听。读祝文毕，读祝官将祝板置于供案之上，退。皇帝行三跪九叩头礼。赞礼官赞"亚献""终献"，司爵官分别献爵于左、右，仪如初献。三献毕，赞礼官又赞"送燎"，读祝官奉祝板，司帛官奉帛，从隆恩殿中门出，送至焚帛炉焚化，皇帝则站在月台一角"望燎"。后，导引官引皇帝进隆恩殿前的黄幄内更换素服，从隆恩殿东侧至石祭台前按展谒礼礼仪向宝城献祭酒并举哀。礼毕，顺原路离开福陵返回行宫。

此外，福陵所有大祭的礼仪都基本如此，只是因为是皇帝亲临，参祭人员大增，更显祭礼的隆重与皇家的威严。

第三章

解密福陵密码

历来，人们对福陵最感兴趣的主要是其独有的历史之谜，因为历史原因，自福陵建陵之初，就注定了福陵谜团会流传至今。那么，福陵的这些历史谜团究竟有哪些呢？

一、十二大历史谜团

由于历史或其他原因，每座陵寝都有一些无法解释的历史谜团，而每座陵寝的历史之谜因其时代不同而各具特点。

通过对史料研究和实地考察，发现福陵存在以下十二个未解之谜。

一、福陵陵址为什么会选在山上？

据《九朝东华录》记载，永陵、福陵、昭陵、孝陵地宫风水，均是由钦天监刻漏科杜如预、五品挈壶正杨宏量在康熙元年（1662）初选定的。但是，福陵初建时的风水是谁选定的，目前还未见到档案记载。因此，就更无法获知福陵为什么会选在山上建陵。

二、福陵下马牌坊上文字的排列次序奇特。

福陵隆恩殿、明楼斗匾上的文字排列是满文居中，蒙文居左，汉文居右。而福陵大红门前两侧的下马牌坊上的文字，却是汉文居中，蒙文居右，满文居左。那么，同是天聪年间营建的这些建筑，为什么其牌匾上的文字排列次序不一样呢？对于这个问题，至今尚无合理解释。

三、福陵神功圣德碑亭龙首。福陵神功圣德碑亭南面地面上的那两只石雕怪兽，其内部为空，看其形状也并不像是装饰作用。有人说它是排水口，可却不知道出水口在哪里。因此这是福陵一谜。

四、努尔哈赤的元妃不知葬于何处？

历史上，在清朝官方档案记载中可查到努尔哈赤的大妃共有五位，即元妃佟佳氏、继妃富察氏、孝慈高皇后叶赫那拉氏、大妃乌喇那拉氏阿巴亥、大妃博尔济锦氏（笔者注：因音译不同，有些史料称为"博尔济吉特氏"）。

按理说，作为相当于皇后地位的大福晋或大妃，其在历史上的生前死后信息都应该比较健全。但实际上，作为努尔哈赤的原配妻子佟佳氏，其个人介绍信息特少，仅有其姓氏、名字、生父，以及生育子女情况。除此之外，佟佳氏的出生日期、婚嫁日期、死亡以及死后葬地等信息，目前还都无法知道，属于历史之谜。

关于大妃博尔济吉特氏，也有不少未知之谜。由于清朝官方档案中有关她的记载实在太少，只知道她在万历四十年（1612）与努尔哈赤完婚，被封为侧福晋；顺治元年（1644）二月病亡；康熙二年（1663）从福陵改葬到妃园寝，也就是那位安布福晋；一生没有生育子女。除此之外，其何时被册为大妃、是死前就被追尊还是死后被追封、何时葬入福陵，又因何原因被迁出福陵改葬于妃园寝等，这些问题都暂时不得而知。在此，笔者大胆猜测，这位大妃很有可能是在努尔哈赤死后或是在其死后追尊的。

五、孝慈高皇后孟古生前是否当过大福晋？

叶赫那拉氏孟古的"皇后"位号是她死后，她的儿子皇太极即位后追尊的。努尔哈赤时代，后妃的称号比较混乱，并不规范，元妃、大福晋、继妃、大妃等这些称号在当时来说，其地位都相当于后来的"皇后"。万历十六年（1588）九月，年仅十四岁的孟古与三十岁的努尔哈赤婚配，当时努尔哈赤的大福晋为富察氏衮代。直到天命五年（1620）三月，富察氏衮代大福晋身份才因"私藏"罪被废，而孟古早在万历三十一年（1603）九月就已病死。因此，孟古嫁给努尔哈赤时，其身份仅是侧福晋，不可能是大福晋。在其死之前，"大福晋"这一称号一直为富察氏衮代所占据。但也有人说天命五年（1620）被废的大福晋是阿巴亥，借此来说明富察氏衮代之后、阿巴亥当"大妃"之前这段时间，孟古当过大福晋。而据笔者考证，天命五年（1620）被废的大福晋只能是富察氏衮代而不是阿巴亥，因此不存在孟古在富察氏衮代之后当过大福晋的问题。虽然《清太祖武皇帝实录》中称孟古为"中宫皇后"，但《清太祖武皇帝实录》为皇太极即位后令人所编撰，其文稿必然会抬高自己生母身份。更值得怀疑的是，《清太祖武皇帝实录》记载努尔哈赤迁葬祖、父、孝慈高皇后等人骨灰至东京陵，称努尔哈赤祖、父灵柩用红幔，唯独"中宫皇后"灵柩用黄幔，黄色是高于红色的等级颜色，"中宫皇后"灵柩用黄幔表明地位和尊荣高于努尔哈赤祖、父。试想一下，在当时崇奉"天地君亲师"的社会环境中，努尔哈赤能这样做吗？再者，在努尔哈赤时期，根本没有"中宫皇后"这一说法，因此，《清太祖武皇帝实录》中称孟古为"中宫皇后"的说法其可信度令人质疑。按理说，孟古当没当过大福晋，只要弄清楚天命五年（1620）三月被废大福晋是否是富察氏衮代就会一清二楚了。然而令人遗憾的是，《清太祖武皇帝实录》对天命五年（1620）三月被废大福晋是谁根本没有提及其名字。而正是因为这个被废大福晋是富察氏衮代还是阿巴亥无法确定的缘故，因此，才造成史学界对孟古生前是否当过大福晋产生了争议。

六、天命五年（1620）三月被废大福晋究竟是谁？

目前，史学界对天命五年（1620）三月被废大福晋是谁，有两种看法，一种看法说是衮代，另一种说法是阿巴亥。如果天命五年（1620）三月被废大福晋是衮代的话，孟古生前就没有当过大福晋；如果被废大福晋是阿巴亥的话，孟古生前就有可能当过大福晋。那么，天命五年（1620）三月被废大福晋究竟是谁呢？

现在我们先根据《满文老档》来梳理一下天命五年（1620）三月大福晋被废的来龙去脉。

努尔哈赤的两名侍女互骂对方与他人通奸，这件事情被努尔哈赤的小福晋代因扎听到，于是将此事告发，并又告密大福晋与努尔哈赤第二子大贝勒代善关系暧昧。努尔哈赤调查属实，因此生气之下，以私藏财物罪名废大福晋，但不忍杀之。于是以"大福晋生育三子一女，若杀之，其子女必定悲伤"为由，令其照顾生病的幼子。在整理大福晋使用器皿时，又发现大福晋藏有一些不应该有的衣物，"遂命叶赫之纳纳昆福晋、乌云珠阿巴盖福晋来见隐藏之物，告以大福晋所犯之罪，并将大福晋所制蟒缎被二床、闪缎褥二床，赐与叶赫二福晋各一套"。

按照上述记载，大福晋被废原因很是明了，那就是大福晋与努尔哈赤二儿子大贝勒代善关系暧昧，使得努尔哈赤以大福晋"私藏财物"为借口废之。而笔者之所以认为记载中的大福晋是衮代而不是阿巴亥，其理由有四：

理由一：努尔哈赤不杀大福晋的借口是她生育了三子一女。现在已经明确知道，衮代嫁给努尔哈赤之后生育二子一女，而努尔哈赤第十六子费扬古虽然档案没有记载其生母是谁，但很多人已经猜测其生母就是衮代，努尔哈赤所说"生病幼子"也就是指费扬古。而阿巴亥只生育三子并无女儿。因此，努尔哈赤所说"生育三子一女"的大福晋就是指衮代。

理由二：衮代大福晋身份被废后，努尔哈赤又发现大福晋私藏了一些不该有的衣物，并因此喊来"叶赫之纳纳昆福晋""乌云珠阿巴盖福晋"到现场见识赃物以示教育警告。而通过核对努尔哈赤有档案记载后妃之后发现，"叶赫之纳纳昆福晋"就是孝慈高皇后的妹妹叶赫那拉氏，"乌云珠阿巴盖福晋"就是后来的大妃乌喇那拉氏阿巴亥。

理由三：万历二十九年（1601）十一月，十二岁的阿巴亥嫁给了努尔哈赤。万历三十一年（1603），叶赫那拉氏孟古去世时，阿巴亥才十四岁。如果孟古生前当过大福晋，其死后升任大福晋的必然是阿巴亥。而一个刚结婚两年并且只有十四岁的女人，在情理上也不太可能是大福晋。但是，当天命五年（1620）三月衮代大福晋身份被废后，已经三十一岁的阿巴亥继任大福晋则是非常有可能并且是很正常的了。

理由四：衮代死后，于天聪三年（1629）二月迁葬福陵。顺治元年（1644），多尔衮以"富察氏在太祖时获罪赐死"为借口将她迁出了福陵，这在《清世祖章皇帝实录》中是有明确记载的。而阿巴亥死亡原因是"后饶风姿，然心怀嫉妒，每致帝不悦，虽有机变，终为帝之明所制。留之恐后为国乱，预遗言于诸王曰：'俟吾终，必令殉之。'"其罪名中并无"获罪"二字。

综上所述，天命五年（1620）三月被废大福晋只会是衮代，而不会是阿巴亥。

七、阿巴亥为什么没有被平反恢复名誉和待遇？

在清初女真社会，殉葬虽是奴隶制遗俗，但作为大妃身份被殉死，却只有阿巴亥一人。天命十一年（1626）八月十一日努尔哈赤病死，为了铲除与自己争夺汗位的政治对手后台，皇太极以努尔哈赤留有"俟吾终，必令殉之"的遗言为借口，联合其他贝勒逼迫阿巴亥殉葬。这件事在《清太祖武皇帝实录》中是有明确记载的：

帝后（笔者注：孝慈高皇后）原系夜黑国主杨机奴贝勒女，崩后复立兀喇国满泰贝勒女（笔者注：乌喇那拉氏阿巴亥）为后。饶丰姿，然心怀嫉妒，每致帝不悦，虽有机变，终为帝之明所制。留之恐后为国乱，预遗言于诸王曰："俟吾终，必令殉之。"诸王以帝遗言告后，后支吾不从。诸王曰："先帝有命，虽欲不从不可得也。"后遂服礼衣，尽以珠宝饰之，哀谓诸王曰："吾自十二岁事先帝，丰衣美食，已二十六年，吾不忍离，故相从于地下。吾二幼子多儿哄（笔者注：多尔衮）、多躲（笔者注：多铎），当恩养之。"诸王泣而对曰："二幼弟吾等若不恩养，是忘父也，岂有不恩养之理。"于是，后于十二日辛亥辰时自尽，寿三十七，乃与帝同枢，巳时出宫，安厝于沈阳城内东北角。又有二妃阿济根、代因扎亦殉之。

从以上档案可以得知，在努尔哈赤死后的第二天，即天命十一年（1626）八月十二日，阿巴亥在盛装打扮之后被迫自杀，享年三十七岁。当时与阿巴亥同时殉死的还有庶妃代因扎、阿济根。两年多后，阿巴亥与努尔哈赤一起葬入福陵。

顺治七年（1650）七月二十六日，其子大清皇父摄政王多尔衮利用手中的权力，借顺治帝之口，按照清朝的谥法礼制，为其母举行了上谥仪式，追尊其母为"孝烈恭敏献哲仁和赞天俪圣武皇后"，其神牌升祔太庙。顺治八年（1651）二月，多尔衮获罪，阿巴亥受到牵连而丧失了死后尊荣待遇，阿巴亥的"皇后"位号被撤销，在太庙中的神牌也被撤去。

然而，当已死一百二十八年的多尔衮于乾隆四十三年（1778）被平反恢复名誉时，奇怪的是阿巴亥却没有被平反，其名誉和祭祀待遇依旧没有被恢复。其原因不知为何！

八、努尔哈赤的大妃富察氏被迁出福陵后葬在哪里？

努尔哈赤的第二位大妃富察氏衮代，原是努尔哈赤的祖父觉昌安三哥索长阿之孙威准的妻子，且生有一子名叫昂阿拉。威准死后，因女真社会习俗有"收继婚"行为，即儿子可以娶庶母、弟弟可以娶嫂子。于是富察氏就以自己的美貌和财产为嫁妆改嫁给了努尔哈赤，并先后为努尔哈赤生育第五子莽古尔泰、第三女莽古济、第十子德格类，努尔哈赤第十六子费扬古疑似其所生。天命五年（1620）三月因获罪被废，死亡日期及原因不详，死后先葬在赫图阿拉祖陵（即永陵），后迁葬东京陵，天聪三年（1629）二月迁葬福陵。

顺治元年（1644），多尔衮以"富察氏在太祖时获罪赐死"为借口将她迁出了福陵，但不知葬于何处。

九、福陵祔葬了哪些人？

康熙二年（1663）九月初九日，开始建造福陵地宫。同年十二月二十八日，福陵地宫建成，安奉帝、后等人"宝宫"于地宫。然而，清朝官方档案对此却只记载福陵地宫葬有努尔哈赤。对此，《清圣祖仁皇帝实录》上有如下记载：

（康熙二年十二月甲午朔）辛酉，改造福陵地宫成，安奉太祖高皇帝宝宫，设宝座、神牌于享殿。

其中，所谓"改造"福陵地宫，实则是在福陵隆恩殿之外新建地宫，因为隆恩殿内的地宫废弃不用，所以称新建地宫为"改造"。

显然，清朝官方档案只记载福陵地宫葬有努尔哈赤是略去了祔葬福陵的人，起码清朝官方档案承认福陵还葬有孝慈高皇后和后来迁走的富察氏衮代。《清太宗文皇帝实录》中有这样的记载：

> 己亥，清明节，丑刻，……随奉孝慈高皇后梓宫，与太祖高皇帝合葬。大贝勒莽古尔泰母妃富察氏灵榇亦祔葬于旁。

因此，福陵地宫不可能只葬有努尔哈赤一个人。至于福陵地宫还祔葬有哪几人，由于历史原因以及档案的欠缺，现在史学界对此或是争论不休，或者回避干脆不提及这件事情。那么，福陵除了葬有努尔哈赤之外，还祔葬有哪几人呢？

对此，目前主流说法有三种。

说法一：清朝官方档案承认并记载的只有孝慈高皇后。

据《清世祖章皇帝实录》记载：

> （顺治元年甲申十二月乙卯朔）庚午，恭上太祖武皇帝、孝慈武皇后册宝于福陵，太宗文皇帝册宝于昭陵。是日，固山额真以上，内大臣侍卫等，俱朝服集于武英殿，大学士、礼部尚书由内院奉册宝出，置黄案上。上御殿，阅册宝，行一跪三叩头礼。毕，遣官恭赍福陵香宝二颗、香册二本，昭陵香宝一颗、香册一本，至盛京。

按明清陵寝制度，"凡皇帝恭上皇考、皇妣尊谥、庙号，敕工部制玉册、玉宝"，而上谥仪中，共有三份册、宝。一份为玉册、玉宝，在神牌升祔太庙时尊藏于太庙；一份为香册、香宝，因以檀香木制作而得名，上谥仪结束后即供奉梓宫旁，并随梓宫一起葬入地宫；另一份为绢册、绢宝，因用绢帛为之而名，这份册、宝在上谥仪结束时送到燎炉里焚化。

上述材料中，"福陵香宝二颗、香册二本"是指努尔哈赤和孝慈高皇后两人的香宝、香册各一份。

而在这之后，福陵四时大祭和忌辰祭日，所受祭祀的都只有太祖努尔哈赤和孝慈高皇后，福陵享殿也只设有这两人的神牌。于是据此分析，清朝官方档案只承认并记载福陵地宫葬有努尔哈赤和孝慈高皇后。

对于这种说法，绝大多数人都不认可，认为清朝官方档案记载明显缺乏准确性，因为据现有史料记载，福陵地宫内葬有的绝不止孝慈高皇后一位祔葬者，还有其他的人也祔葬其中。

说法二：福陵葬有努尔哈赤、孝慈高皇后、大妃阿巴亥、庶妃代因扎和阿济根，以及为孝慈高皇后殉葬的四婢女等九人。这种说法为清史专家李凤民先生所提出。

对于这种说法，笔者不大认可。因为笔者认为，连庶妃代因扎和阿济根葬入福陵的可能性都不大，就更不要说殉葬孝慈高皇后的四婢女了。因此，福陵地宫不太可能葬有两庶妃和四婢女。

说法三：福陵葬有努尔哈赤、孝慈高皇后、大妃阿巴亥三人。这种说法得到很多人认可，其中笔者也支持这种说法。对于支持的理由，笔者根据档案和史料记载，整理出一份努尔哈赤后妃先后葬入福陵的经历介绍。

虽然努尔哈赤妻妾有记载的多达十六人，但是能有资格和努尔哈赤陪葬的只能是大福晋、大妃、皇后等级别的人，因此只能是这五人，即孝慈高皇后、元妃佟佳氏、继妃富察氏和大妃阿巴亥，还有另一不知详情的大妃博尔济锦氏。

据《星源集庆》《清皇室四谱》等现有史料记载，努尔哈赤的第一任妻子即原配佟佳氏，名叫哈哈纳扎青，在万历五年（1577）与努尔哈赤婚配，在史料记载中被称为"元妃"。但这只是后世对她的追尊和追封，因为当时努尔哈赤与她婚配时，尚未有自己的势力，因此他的原配结发之妻并没有任何尊称。努尔哈赤的第二任正房妻子富察氏，名叫衮代，万历十五年（1587）生莽古尔泰。因此推算，她与努尔哈赤的婚配时间是在万历十三年（1585）、十四年（1586）或之前。天命五年（1620）三月，富察氏被努尔哈赤以匿藏财物罪"休离"，于是努尔哈赤的侧福晋乌喇那拉氏阿巴亥升任"大妃"，成为正房。阿巴亥是明万历二十九年（1601）十一月十二岁时嫁给努尔哈赤的，努尔哈赤死后的第二天即天命十一年（1626）八月十二日被逼殉葬。

虽然努尔哈赤的原配佟佳氏哈哈纳扎青何时死亡，以及死后埋葬地点都不明，但可以肯定的是，她没有葬入福陵。努尔哈赤的第二任正妻富察氏衮代，虽然死后于天聪三年（1629）二月与努尔哈赤一起入葬福陵，"祔葬于旁"，但在顺治元年（1644）又被改葬在福陵之外，而且埋葬地点不明。因此，《清世祖章皇帝实录》上有如下记载：

> 顺治元年二月庚申朔，戊子，清明节，以大妃博尔济锦氏祔葬福陵，改葬妃富察氏于陵外。以富察氏在太祖时获罪赐死故也。

上文记载的"大妃博尔济锦氏"，名叫"安布"，是蒙古科尔沁贝勒之女。"安布"死后虽然葬在福陵，可是在康熙二年（1663），又改葬在福陵西北的福陵妃园寝，就是那位安布福晋。努尔哈赤的第三任正妻乌喇那拉氏阿巴亥，按照清朝官方档案记载，其死后"乃与帝同柩"。虽然未提是否与努尔哈赤一起葬入福陵，但从被"休离"的富察氏都能葬在福陵分析，其必然也葬在福陵。故此，祔葬福陵的人应该有孝慈高皇后、阿巴亥二人。为什么这么说呢？

证据一：顺治七年（1650）七月二十日，按制"以封太后、入太庙之礼，告祭福陵，遣礼部侍郎达尔泰，供十二项果品，鹿、兔肉、缎、酒，燃香烛，读祝如仪"。这次祭福陵祝文共两份，一份祝文是给努尔哈赤和孝慈高皇后的，另一份则是给乌喇那拉氏阿巴亥的。第一份祝文的意思是告诉努尔哈赤和孝慈高皇后，给阿巴亥上谥号为"孝烈恭敏献哲仁和赞天俪圣武皇后"，神牌升祔太庙。第二份祝文的主要意思是告诉阿巴亥，她被追封为皇后了，并且"灵位树太庙"。由此可见，阿巴亥获得"孝烈恭敏献哲仁和赞天俪圣武皇后"封谥时，其宝宫是葬在福陵之内的。

证据二：阿巴亥儿子多尔衮获罪后，她的神牌在北京太庙被撤，但却未提到将其改葬福陵之外。由此可以推测，阿巴亥死后与努尔哈赤"同枢"而火化，两人骨灰装在同一骨灰坛子中，故此没有办法将她改葬福陵之外。

至于阿巴亥祔葬福陵之事在清朝官方档案和史料中失载的原因，笔者分析，这主要是因为皇太极为了打击和压制她的三个儿子阿济格、多尔衮和多铎而故意不记载。后来虽然皇太极死了，多尔衮也掌权了，阿巴亥的神牌也被供奉太庙，可是还没来得及修撰官方档案，多尔衮就早死了，并因获罪而牵连其生母阿巴亥。阿巴亥的神牌被移出了太庙，所获封的"孝烈恭敏献哲仁和赞天俪圣武皇后"谥号也被追夺。可是却因她是与努尔哈赤一起火化，骨灰装在同一骨灰坛子中而没有被迁出福陵。于是，康熙二年（1663）十二月二十八日，福陵地宫建成时，阿巴亥与努尔哈赤以同一"宝宫"身份奉安福陵地宫。而当时与阿巴亥一起殉葬的努尔哈赤的两庶妃代因扎和阿济根，无论是清朝官方档案还是史料，根本没有提及她们死后葬在何处，起码在福陵祭祀时，根本没有为她们设立供桌。

崇德三年（1638）十二月二十九日，皇太极遣阿拜阿哥代祭福陵，福陵内供有神位四个，即太祖皇帝（即努尔哈赤）、孝慈高皇后、富察氏衮代及大妃乌喇那拉氏阿巴亥。对此，《崇德三年满文档案译编》上有如下的记载：

（十二月）二十九日，以旧礼于福陵点香、灯，挂钱、斧，杀牛羊，设桌供奉酒。往祭阿拜阿哥率前官员，进大清门，立于东侧。卯刻，圣上御崇政殿，立于西侧，阿拜阿哥升东侧台阶，跪于阶之中。国史院大学士刚林呈文祭文，圣上俯身接受，复俯身呈上，阿拜阿哥跪受，出中路。至福陵后，经中路，将祭文放于位前西侧，前往官员举已备饭之四桌，由中路上，供于位前，遂降西侧台阶，分列两侧排立。指示祭祀官员希福、库尔缠，指示祭祀大臣升东侧台阶，位前祭祀大臣、中间指示祭祀官员皆跪于两侧后，呈递香盒官员执香盒，呈于东侧指示祭祀官员，指示祭祀官员承接，交祭祀大臣。祭祀大臣承接后，上奠酒毕，将香盒交于西侧指示祭祀官员，祭祀大臣起立、点香。复将香盒交于西侧承接官员。指示祭祀官员指示降西侧台阶，立于正中。按赞礼官呼唤，以会见之礼行一跪三叩头礼。赞礼官呼起立则起立，礼部官员奉上盘装之供肉，由中路前往时，指示祭祀官员指示祭祀大臣升东侧台阶、监供。供毕，降西侧台阶，指示祭祀官员指示立于正中，按赞礼官呼唤跪之。呈六杯酒于指示祭祀官员，首为布尔吉，次为阿尔海，第三德尔德希，依次呈上。指示祭祀官员一一交与祭祀大臣。祭祀大臣上奠酒毕，复交西侧指示祭祀官员。西侧指示祭祀官员呈给供官，首为石廷柱，次为巴哈纳，第三巴延，依次升中路供上。供毕，诵颂祭文。祭文云：

崇德三年戊寅十二月二十九日，皇考太祖承天广运圣德神功肇纪立极仁孝武皇帝、皇妣太后、孝慈昭宪纯德贞顺成天育圣武皇后神位之前，承统之孝子跪□：兹旧岁即去，新岁即来之际，恭备祭祀物品，遣大臣代我谨祭。

诵颂完毕，跪行三叩头礼，复行二跪六叩头礼，回之。收祭文、供酒，携之降中阶，于砌有灶门之院内，焚烧祭文，浇酒于灶门。收供悬之斧、钱后，行一跪三叩头礼，焚烧斧、钱，众皆出门。

所用金银斧一万个，五种染色纸一万张，制成之钱一千束，制钱头金银纸两千张，大小纸五百张，裹每十布帛副子纸黄倒须勾二个。正白旗备四桌、酒两瓶，户部备一黑牛一羊、三等灯三对、上吉①二个。

　　虽然上文的祭文写的是三个人，但在制备祭品时，却是摆放饭桌四张，这就说明当时福陵享殿（隆恩殿）内神位（宝宫）有四座，即每座神位前一桌，每座神位一人，而这四人则是努尔哈赤、孝慈高皇后、富察氏、阿巴亥。显然，这四座神位中并未有努尔哈赤的两庶妃。就"庶妃"与"侧妃"两称呼而言，"侧妃"的身份和地位要高于"庶妃"。而顺治元年（1644）曾祔葬福陵的大妃博尔济锦氏安布，其身份和地位都明显高于"庶妃"，但其都可能因典制而改葬妃园寝。因此，可以推测，努尔哈赤的两庶妃代因扎和阿济根此时并未祔葬福陵。至于为什么葬有四人而在祭文中却只写有三人，笔者估计，其原因是富察氏生前因获罪被"休离"缘故。

　　最后再来看看清朝官方档案记载的孝慈高皇后，毫无疑问她能葬入福陵。但为其殉葬的四婢女，虽然当时能与还不是孝慈高皇后身份的孟古陪葬在努尔哈赤家的院内三年，但却根本不可能在后来的三次迁葬中最终陪葬在福陵，因为连努尔哈赤的其他正式妻妾都没资格祔葬福陵，更何况她们的身份仅是婢女了。这么说的根据是，因为当时努尔哈赤的小福晋连与努尔哈赤在一张饭桌上吃饭的资格都没有，所以就更不要说是身份低微的婢女死后能葬入福陵地宫了。

　　所以，由以上记载来看，能祔葬福陵的人，只有孝慈高皇后和阿巴亥两人。

　　十、福陵内是否葬有其他的人？

　　有专家认为，福陵地宫内除了葬有努尔哈赤、孝慈高皇后和阿巴亥外，还应葬有庶妃代因扎、阿济根及为孝慈高皇后殉死的四个侍女等。

──────────

① 上吉，音译，即为炕几。

为什么会有人这么认为呢？

其原因很简单，就是因为上述这六位女人，不是为努尔哈赤殉死就是为孝慈高皇后殉死的。于是就有专家学者认为，凡是为努尔哈赤和孝慈高皇后殉死的，都应该永远同时与其主人在一起，就应该与主人骨灰同时供奉在福陵享殿，最后与主人一起葬入福陵地宫内。

笔者认为，福陵地宫内不大可能葬入上述这六位女人的，其理由有三个。

理由一：虽然上述这六位女人也都是因为殉葬而死，但因其生前地位较低，其火化后的骨灰罐是根本无资格与努尔哈赤和孝慈高皇后葬在一起的，必然是分葬，分出主次，地位尊卑。

理由二：顺治元年（1644）二月二十九日，大妃博尔济锦氏祔葬福陵。但在康熙二年（1663）建福陵地宫时，被改葬在福陵妃园寝。而曾经的另一位大妃富察氏衮代，原本祔葬福陵，后来也因曾被努尔哈赤赐罪的缘故移出了福陵。还有祔葬福陵的博尔济锦氏后来也被迁出了福陵，更不用说地位更低的庶妃和婢女了。

理由三：努尔哈赤的小福晋，生前都没资格与努尔哈赤在一张饭桌上吃饭，很多死后连葬地都不明。所以那些殉葬的小福晋，以及那些为主人殉死的婢女就更没资格葬到福陵地宫内。

因此，笔者认为，努尔哈赤的庶妃代因扎、阿济根以及为孝慈高皇后殉死的四个侍女是不会被安葬在福陵地宫内的，但其安葬在哪里，官方档案也无明确记载，目前仍然还是一个未解之谜。

十一、地宫规制是怎么样的？

据《清圣祖仁皇帝实录》记载，福陵地宫营建时间为康熙二年（1663）"九月癸酉"到"十二月辛酉"，仅用时三个多月，其地面建筑如宝顶、宝城等营建时间则到康熙八年（1669）时尚未结束。对当时福陵地宫施工难度分析，地宫位于山上，当时的天气又是进入寒冷季节，根据这些情况可以推断福陵地宫的施工难度是很大的。因此，福陵的地宫规模不会很大，但其规制如何，目前不得而知。

十二、地宫内是否葬宝？

自古以来，中国古人就有厚葬先祖的传统。虽然满洲有人死后遗体火化的习俗，但考虑到福陵地宫是清朝入关后已逐步接受汉族丧葬文化的康熙二年（1663）营建这一事实，笔者认为福陵地宫内也许有少许的陪葬物品。据《清世祖章皇帝实录》记载，福陵地宫内存放有清太祖和孝慈高皇后的香册、香宝[①]各一份。

因此，福陵地宫内最起码的陪葬品为墓主人的香册、香宝。

二、三位大福晋的人生档案

目前，虽然都有哪些人祔葬福陵地宫还有争议，但越来越多的人已经认识到，福陵地宫绝不仅葬有努尔哈赤及孝慈高皇后，大妃阿巴亥也葬在其中。

下面，根据档案和史料记载，介绍一下努尔哈赤的孟古、衮代、阿巴亥三位大福晋的人生经历。

孟古[②]（1575—1603），叶赫那拉氏，生于明朝万历三年（1575），死于万历三十一年（1603）九月二十七日，享年二十九岁，父亲为海西叶赫贝勒杨吉努。她是清朝第一位被尊为皇后的人，即努尔哈赤的孝慈高皇后。

本来，叶赫部与建州努尔哈赤关系很好，万历十一年（1583），因杨吉努见只有二十五岁的努尔哈赤相貌不凡，料其必成大事，许诺将自己的小女孟古嫁给他。万历十六年（1588）九月，十四岁的孟古在哥哥叶赫贝

---

① 所谓的"香册""香宝"，就是记载歌颂帝、后功德文词的檀香木制"册"和"印"，分别盛放在册宝木箱之内埋葬在地宫内的。"香册"，共10块木板，其首页的正反两面均刻有凤戏牡丹花纹，上面用满、汉文字刻着嗣皇帝为帝、后撰写的册文；"香宝"就是印，印上面用满、汉两种文字刻着帝、后一生的全部谥号。册宝的作用和用途就是墓主人的身份凭证，是墓主人死后在阴间的权力凭证。

② 孟古，也有史料称孟古姐姐或孟古格格，据笔者考证，"孟古"二字后面的"姐姐"或"格格"两词语均是前面名字的后缀尊称，如"小兰姐姐"或"小兰格格"，因此孝慈高皇后的名字就是称"孟古"。

勒纳林布禄护送下到费阿拉城与努尔哈赤完婚。对此，《清太祖武皇帝实录》有如下的记载：

> 初，太祖如夜黑，其国主杨机奴见其相貌非常，言："我有小女，堪为君配，待长缔姻。"太祖曰："若缔姻，吾愿聘汝长女。"杨机奴答云："我非惜长女不与，恐不可君意，小女容貌奇异，或者称佳偶耳。"太祖遂聘之。杨机奴故后，子纳林卜禄于是年九月内，亲送妹于归，太祖率诸王臣迎之，大宴成婚，即天聪皇帝母也。

大婚之后的孟古端庄妩媚、举止大方、修养非凡。万历二十年（1592）十月二十五日，孟古生下一子，即努尔哈赤的第八子皇太极。万历二十一年（1593）九月，孟古姐姐的哥哥纳林布禄因与努尔哈赤索要领地不成，纠集九个部落人马攻打努尔哈赤，但却以失败告终，因此双方成为仇敌。万历三十一年（1603）九月孟古病危，想见自己的亲生母亲，努尔哈赤

《满洲实录·灭亡叶赫部图》

虽然派人去请，但由于此时叶赫部与建州已是仇敌，遭到对方的拒绝，后经过使者反复劝说，纳林布禄最后只派了孟古乳母的丈夫南太前来代为探视，于是孟古在遗憾中撒手人寰。孟古死后，努尔哈赤令她生前的四名婢女殉死，又宰杀牛马各百匹为其举行盛大的祭礼，斋戒一月，将她埋葬在自己居住的院子中长达三年，后葬于念木山即尼雅满山岗祖陵（即今永陵）。

天命九年（1624）四月，努尔哈赤将孟古迁葬于东京陵。天聪三年（1629）二月十三日，皇太极将其生母孟古迁葬福陵与努尔哈赤合葬。天聪十年（1636），即崇德元年四月十一日，皇太极称帝，尊其生母为"孝慈昭宪纯德真顺承天育圣武皇后"。康熙元年（1662）四月十三日，康熙帝改努尔哈赤庙谥"武皇帝"为"高皇帝"。所以孟古后经累朝加谥，最后谥号为"孝慈昭宪敬顺仁徽懿德庆显承天辅圣高皇后"，简称"孝慈高皇后"。

衮代，富察氏，莽塞杜诸祜之女，是努尔哈赤的第二位大福晋，又称大妃，史称衮代皇后或继妃。

　　衮代成为努尔哈赤的福晋，应该是在元妃佟佳氏死后，即万历十三、十四年间与努尔哈赤成婚。当时，衮代已是二婚，初嫁努尔哈赤的远支哥哥威准，并生有一子昂阿拉。其夫死后，为了防止氏族财产外流，被努尔哈赤以女真族风俗"收继婚"方式纳为福晋，并以美貌和聪慧获得努尔哈赤信任。万历十五年（1587）生皇五子莽古尔泰（史称"三贝勒"）。又过数年，生皇三女莽古济格格（史称"哈达公主"）。万历二十四年（1596），生皇十子德格类。据推测，努尔哈赤的第十六子费扬古也是其所生。

万历二十一年（1593）九月，努尔哈赤与九部联军大战在即，夜间，努尔哈赤与衮代共寝。衮代因心急如火睡不着，叫醒努尔哈赤后的一段对话，足以证明彼此的相互理解和安慰。对此，《清太祖武皇帝实录》有这样的记载：

　　衮代皇后推醒太祖曰："今九国兵马来攻，何故盹睡，是昏昧耶？抑畏惧耶？"太祖曰："畏敌者必不安枕，我不畏彼，故熟睡耳。前闻夜黑兵三路侵我，来期未定，我心不安，今日已到，我心始定。我若有欺骗处，天必罪我，我当畏之。我承天命，各守国土，彼不乐我安分，反无故纠台九部之兵，欺害无辜之人，天岂佑之？言讫复睡，以息精神。"

　　天命五年（1620）三月，努尔哈赤"以窃藏金帛，迫令大归"，"寻葬古尔泰弑之"未果。衮代死后葬赫图阿拉祖茔尼雅满山岗（即今永陵）。天命九年（1624）四月迁葬于东京陵。天聪三年（1629）二月再迁沈阳，祔葬福陵之内。顺治元年（1644）二月，摄政王多尔衮等以其生前得罪努尔哈赤为由，改葬衮代于福陵外，但迁葬于何处官方档案中并无记载。

　　阿巴亥（1590—1626），努尔哈赤的第三位大妃，乌喇那拉氏，生于万历十八年（1590），父亲是海西乌喇部首领满泰。万历二十九年（1601）十一月，其叔父贝勒布占泰（即《明实录》中称之为布占台）护送年仅十二岁的阿巴亥嫁给努尔哈赤为侧室。明万历三十三年（1605）七月十五日生皇十二子阿济格。明万历四十年（1612）十月二十五日生皇十四子睿忠亲王多尔衮。明万历四十二年（1614）二月二十四日生皇十五子豫通亲王多铎。天命五年（1620）三月，由于当时的大福晋（大妃）富察氏获罪而被努尔哈赤"休离"（即被罢免大福晋的身份地位），阿巴亥遂由侧室升为大福晋（大妃）而主持后宫。天命十一年（1626）八月十二日，阿巴亥被逼殉葬而死，与"帝同枢"。天聪三年（1629）二月十三日，与努尔哈赤骨灰一起葬入福陵。顺治七年（1650）七月，摄政王多尔衮追封阿巴亥为"孝烈武皇后"，上谥号为"孝烈恭敏献哲仁和赞天俪圣武皇后"，神牌入太庙。顺治八年（1651）二月，死后的多尔衮获罪，阿巴亥的谥号被罢，牌位也被撤出太庙。但未见有将其骨灰迁出福陵的记载。

第四章

寻觅福陵妃园寝

由于福陵妃园寝是清朝入关后所建，故此只葬有努尔哈赤的三位妃嫔。因为建造时间较早，以及清朝灭亡后又被毁，所以福陵妃园寝的建筑及其规制等信息只能通过史料档案了解一些，目前还有很多未解之谜。

一、目前仅有遗址

在福陵妃园寝出现之前，由于历史原因，努尔哈赤的那些低级别妃嫔死后葬在哪里一直没有固定地点。在福陵妃园寝出现之后，那些寿命较长的妃嫔，死后终于能被葬在同一墓地。这也是文明的一种进步。

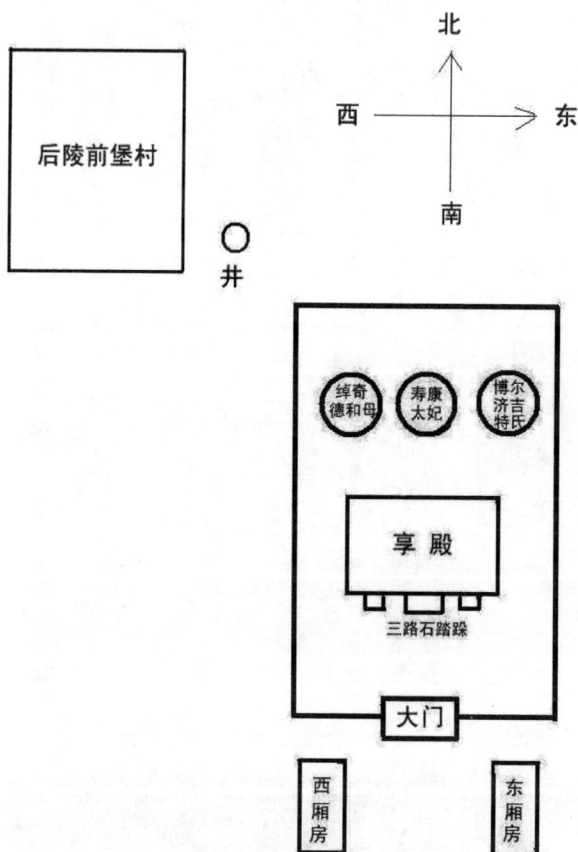

福陵妃园寝平面示意图（绘图　徐鑫）

　　福陵妃园寝位于福陵西北的后陵堡村村南，坐北朝南，葬有努尔哈赤的三个妃子，当地人称它为"妃子坟"或"后陵"。又因葬入的寿康太妃地位最高、名气最大，因此，福陵妃园寝又叫寿康太妃园寝。

　　妃园寝，顾名思义，就是为皇帝的那些皇后级别以下妃嫔建立的集体墓葬地。清初，清朝统治者并没有设立妃园寝的制度。皇后死后可以与皇帝合葬帝陵地宫，而那些不是皇后的妃嫔们却没有资格葬入帝陵地宫，因此她们死后只能另选他处安葬。而在妃园寝制度出台之前，皇帝的这些低级别妃嫔死后葬地并没有固定地点。因此，清初努尔哈赤和皇太极的一些妃嫔，目前还不知道死后葬在哪里。

　　福陵妃园寝约于康熙初年建成，是清朝入关后仿照关内妃园寝规制营建的第一座关外妃园寝，历史上也曾多次岁修、大修。

　　据《钦定盛京通志》记载，福陵妃园寝"在福陵右"，周围"缭墙共四十七尺"，缭墙之外设"堆房"两座。规制为坐北朝南，长方形一进院落。大门外有东西厢房各三间，大门面阔三间，享殿面阔三间，为歇山顶式，前后出廊，顶铺绿色琉璃瓦，无门额。享殿台基较低矮，前有三路石踏跺，但无月台和神道。享殿内设宝床，上铺红毡坐褥，以奉神御；宝床两侧各设配案，地面铺设花毯三块。享殿东西两侧各有茶膳房、果房。享殿后是坟院，有东西一字排列的宝顶三座，中间葬寿康太妃博尔济吉特氏，左（东）边葬安布福晋博尔济锦氏，右（西）边葬绰奇德和母。

　　福陵妃园寝的祭祀分为大祭和小祭，每年的四大祭为清明、中元、立秋、岁暮；小祭为每月的朔、望，即每月的初一、十五两日。

　　祭祀使用的祭器主要为瓷器、铜器。使用的筷子有"牙箸二双，乌木箸一双"。牙箸为象牙所制，乌木箸为乌木所制，园寝所用的这两种筷子，均是无装饰的"素箸"。

祭祀由福陵看守官及其命妇[①]负责，祭祀礼仪及祭品简单。大祭向神牌奠酒，行二跪六叩礼；小祭仅向神牌行礼。如有皇帝祭祀福陵时，会一并遣官祭祀，祭品会增加"饭桌、饽饽桌、羊、酒"等。

清朝为了看护此园寝，曾设有"首领二员，由兵挑补；四品官一员，汉军袭缺；外郎二员，领催八员；兵十八名"。

二、毁于日军炮火

福陵妃园寝于康熙初年建成，虽经历年岁修、大修，但到乾隆十六年（1751）时，已有局部损坏，需要修理。乾隆五十五年（1790），园寝得到翻修；嘉庆十二年（1807），又进行一次大修；道光十八年（1838），大修该园寝时，耗银两千多两。光绪三十一年（1905）二月，日、俄两国的侵略者为了争夺我国东北特权，在福陵附近展开了激烈炮战。三月十日，日俄两军在妃园寝附近交火，不但守陵官兵损伤不少，就连妃园寝的建筑也在日军的炮火中被摧毁，唯一幸免于难的只有三座土坟丘。

后来，虽然清廷修复了该园寝，二十世纪三四十年代其建筑尚存，但这些残存的建筑却在"文化大革命"中遭到了彻底平毁。

据社会调查，当时坟墓里出土了青石板、木头箱子和骨灰罐等。其中，箱子为四角包铁角、上着铜锁，箱子里面全是绫罗绸缎，在空气中风化变质；骨灰罐为一米来高的细脖儿陶瓷瓶。而园寝残留的砖头和瓦块等建筑材料，均被老百姓拿走私用。

目前，该遗址已成为一片荒芜的田地，在遗址的附近仅存有一口水井。

二十世纪九十年代，福陵妃园寝守陵后人为了纪念、保护这口古井，

---

① 福陵看守官员，主要是指总管、左右翼长、掌官方官及副掌关防官、防御、尚膳正、尚茶正、尚香人、尚膳人、笔帖式等，官阶品级为三品至九品。看守官命妇，是指以上官员的妻子。清代有覃恩制度，即凡是有品官员及官员夫人均给予相应的封号，以示皇恩浩荡。因此，清朝命妇封号分为九品，即一品"夫人"、二品"夫人"、三品"淑人"、四品"恭人"、五品"宜人"、六品"安人"、七品"孺人"、八品"八品孺人"、九品"九品孺人"。

福陵妃园寝遗址近景

福陵妃园寝尚存的一口水井及守陵人后裔所立水井碑

为古井集资竖立《清寿康太妃园寝井泉记》石碑一块。如今，这块石碑也成为有特殊意义的纪念了。

三、墓主人的绝密档案

由于福陵妃园寝被毁，加上档案的欠缺，目前仅知道福陵妃园寝葬有努尔哈赤后宫三人，她们是寿康太妃、安布福晋、绰奇德和母。

现在，简单介绍一下妃园寝三位墓主人的生平。

一、寿康太妃，博尔济吉特氏，蒙古科尔沁贝勒炳图郡王孔果尔之女。为了与建州努尔哈赤和好，明万历四十三年（1615）正月，孔果尔亲自送女儿到赫图阿拉与努尔哈赤完婚。博尔济吉特氏年轻貌美，聪明伶俐，颇受宠爱，被封为侧妃，地位仅次于大妃（即大福晋）乌喇那拉氏阿巴亥。天命十一年（1626），努尔哈赤死去，大妃阿巴亥殉葬。从此，博尔济吉特氏成为健在的太祖妃中名分颇高的一位，每逢节庆之日，皇太极都要向博尔济吉特氏行礼以示孝行。

顺治元年（1644），清朝入关定都北京以后，博尔济吉特氏也随之入关，居住在紫禁城内的仁寿宫。顺治十七年（1660）十月二十八日，顺治帝以博尔济吉特氏"年长行尊，向来未晋名封"为由，传旨礼部，欲为其"封名号""行典礼"。不料想两个多月后，顺治帝驾崩，此事遂被搁浅。康熙帝即位后，于顺治十八年（1661）十月十九日正式尊封其为寿康太妃，颁发金册、金印。"寿康"二字出自唐《韩昌黎集·送李愿归盘谷序》"饮且食兮寿而康，无不足兮奚所望"，以此寓意博尔济吉特氏"福寿安康"之意。

康熙四年（1665）十二月二十五日，博尔济吉特氏病逝，是努尔哈赤众妃中最后一个离世的后妃，后来归葬在福陵妃园寝内。虽然她一生无生育子女，但却历经了清朝的天命、天聪、崇德、顺治、康熙五朝四帝，这在清朝后妃中是绝无仅有的。

二、安布福晋，博尔济锦氏，又称博尔济吉特氏，也就是《清世祖章皇帝实录》中记载的那位"大妃博尔济锦氏"。其为科尔沁贝勒明安之女，以贤德闻名遐迩。努尔哈赤闻其贤，派人行聘。万历四十年（1612）正月，明安送女儿与努尔哈赤完婚，博尔济吉特氏被封为侧福晋。顺治元年（1644）二月病亡，一生没有生育子女。初葬福陵，康熙二年（1663）福陵建地宫后，遂将她改葬到妃园寝。这是建州女真迎娶的第一位蒙古女子，开创清代满蒙联姻之先河，对后世具有深远的影响。

三、绰奇德和母，据推测，有可能是努尔哈赤的侧妃哈达那拉氏阿敏。

阿敏，哈达那拉氏，明海西女真哈达部贝勒祜尔干（又称扈尔干，即《明实录》之都督金事虎尔罕赤）之女。万历十六年（1588）四月，祜尔干遣子戴善（即《明实录》之歹商）护送哈达那拉氏嫁给努尔哈赤。当时，努尔哈赤在一个叫洞的地方迎娶了哈达那拉氏。

据统计，努尔哈赤有妻妾十六人、子十六人、女八人。除了已知葬在福陵和福陵妃园寝的孝慈高皇后、阿巴亥、寿康太妃、安布福晋、绰奇德和母等五人外，其余十一位妻妾现在均不知葬于何地。或由于历史原因，或许由于她们身份较低，当时没有资格享受在妃园寝享殿供奉神牌的待遇，故此在相关妃园寝史料中，无法发现她们的相关信息。

下面，根据《清皇室四谱》《星源集庆》等相关史料，整理了一下努尔哈赤的其余妃嫔简介，以飨读者。

元妃，佟佳氏，名哈哈纳扎青，父亲叫塔木巴晏。明万历六年（1578）二月二十二日生育了努尔哈赤的长女东果格格。明万历八年（1580）生育了努尔哈赤的长子褚英。明万历十一年（1583）七月初三日生皇二子礼烈亲王代善。

大妃富察氏衮代，努尔哈赤的第二位大福晋。生育了皇五子莽古尔泰、皇三女莽古济、皇十子德格类、皇十六子费扬古。天命五年（1620）三月，被废黜大福晋身份。死后初葬于尼雅满山岗祖陵（即今永陵），后迁葬于东京陵。天聪三年（1629）二月祔葬福陵。顺治元年（1644），因生前被赐罪，改葬于福陵外，但迁葬于何处暂不可考。

侧妃，伊尔根觉罗氏，札亲巴晏女。明万历十五年（1587）生皇二女嫩哲格格，此女后被封为和硕公主。明万历十七年（1589）生皇七子阿巴泰，此子于崇德元年（1636）因功被封为多罗饶馀贝勒，后晋封为饶馀敏亲王。

侧妃，叶赫那拉氏，叶赫贝勒杨吉努之女，孝慈高皇后之妹。明万历四十年（1612）生皇八女聪古图格格，此女后被封为和硕公主。

庶妃，兆佳氏，喇克达之女。明万历十三年（1585）生皇三子阿拜，此子于崇德年间被封为镇国勤敏公。

庶妃，钮祜禄氏，博克瞻之女。明万历十三年（1585）生皇四子镇国克洁将军汤古代，此子于崇德四年（1639）因功被封为镇国将军。明万历十七年（1589）生皇六子塔拜，此子于天聪八年（1634）因功被封为辅国悫厚公。

庶妃，嘉穆瑚觉罗氏，名真哥，贝勒浑巴晏之女。明万历二十年（1592）生皇九子巴布泰，此子后被封为镇国恪僖公。明万历二十三年（1595）生皇四女穆库什，此女后被封为和硕公主。明万历二十四年（1596）生皇十一子巴布海，此子后被封为镇国将军。明万历二十五年（1597）生皇五女。明万历二十八年（1600）生皇六女。

庶妃，西林觉罗氏，奋杜里哈斯祜之女。明万历三十九年（1611）生皇十三子赖慕布，此子后被封为辅国介直公。

庶妃，伊尔根觉罗氏，察弼之女。明万历三十二年（1604）生皇七女。此女于天命四年（1619）被封为乡君品级，下嫁纳喇氏鄂托伊。康熙二十四年（1685）薨，享年八十二岁，在清朝公主中是最长寿之人。

庶妃，代因扎、阿迹根，这两人都是努尔哈赤的小福晋，姓氏、生父等信息不详。之所以说她们存在，其根据是《清太祖武皇帝实录》记载，努尔哈赤死后，"有二妃阿迹根、代因扎亦殉之"。

因此，在《清皇室四谱》上就有了这样的一段记载：

> 按太祖殂时大妃从殉外，仍有二庶妃亦从殉。一名阿济根，一名德因泽。今不能详为何氏。

"阿迹根"即"阿济根"，"代因扎"即"德因泽"。由于这二人均为小福晋，因此对于这二人的生平，只是在《满文老档》中发现有"代因扎"的记载：天命五年（1620）三月二十五日，"小福晋塔因查以举发故，著加荐拔，陪汗同桌用膳而不避"。"小福晋塔因"即是"代因扎"或"德因泽"。而所谓告密是指"小福晋塔因"借以告密努尔哈赤身边二侍女均与他人通奸的机会，告密大福晋富察氏与大贝勒代善关系暧昧，从而获得了努尔哈赤的重视，因此能陪同努尔哈赤在一桌上吃饭。之前，因为身份低，虽能侍寝努尔哈赤，但却没资格与努尔哈赤一桌吃饭。

阿迹根的信息，目前只在《星源集庆》中记载努尔哈赤死后其"从葬"，除此之外，尚未发现别的记载。

第五章

被遗忘的东京陵

在清朝皇家陵（园）寝中，东京陵现在属于王爷园寝级别。但它以曾是努尔哈赤祖陵的地位，在历史上经历了繁荣与衰败这一过程。因此，虽然目前只存有三座园寝，但它依旧是一处重要的清朝皇家园寝群。

一、曾经的辉煌

由于福陵出现之前，努尔哈赤的两位大妃富察氏和孟古都是安葬在东京陵，在努尔哈赤时代，东京陵是随着努尔哈赤政权新政治中心而出现的，其价值和意义在当时来说，就是清朝的第二座皇陵。因此，我们有必要简单了解一下东京陵在历史上的兴衰。

东京陵位于辽宁省辽阳市太子河东的阳鲁山上，在历史上它曾经葬有永陵的景祖觉昌安、显祖塔克世两位皇帝和努尔哈赤的大伯父武功郡王礼敦、五叔父恪恭贝勒塔察篇古，以及努尔哈赤的大福晋富察氏和孝慈高皇后，并因此成为清朝第二座祖陵而达到历史鼎盛时期。

天命七年（1622）四月，努尔哈赤在辽阳城东五里的太子河附近营建新城即东京城。天命九年（1624），努尔哈赤进驻辽阳营建新国都东京城后，决定在东京城北四里远的阳鲁山建祖陵。

天命九年（1624）四月初一日，努尔哈赤令族弟铎弼、王善、贝和齐到赫图阿拉祖茔尼雅满山岗（即今永陵），将祖父（景祖）及福晋、父亲（显祖）及福晋、他的两位福晋（继福晋富察氏衮代、叶赫那拉氏孟古）、他的大伯父礼敦、五叔父塔察篇古、他的胞弟舒尔哈齐、他的从弟穆尔哈齐、他的长子褚英、他的侄子祜尔哈齐（塔察篇古的儿子）等十二人的骨灰迁葬东京陵。

遵照努尔哈赤的命令，铎弼、王善、贝和齐三人前往尼雅满山岗祖陵，"至皇祖考妣及皇后诸陵前，用太牢祭毕，乃移诸灵衬，肩舆以行。幰分黄红，各有其等。皇祖考用红幰，中宫皇后用黄，其大伯父礼敦把土鲁、皇弟打喇汉把土鲁、青把土鲁、宗弟胡里哈奇、皇叔塔义偏谔子也用红"。一路之上，每日都宰牛祭奠。

为了迎接这些人的骨灰到来，努尔哈赤不但亲自出城二十里到官亭迎接，并特意举办了一场别开生面的奇特礼仪仪式。在旷野之外的场地上，在佩刀挟箭的八旗官兵面前，立了很多的稻草人，以此象征着明朝的军队。一声令下，在火炮声中，努尔哈赤亲自带领八旗官兵挥刀舞剑冲向这些稻草人，在喊杀声中，将稻草人砍倒、焚烧。并亲自率众跪在路边护送灵枢启行通过，将他们安葬在东京陵，"灵堂安置之。乃盛陈祭仪，宰牛羊，多焚金银纸张，以祭诸灵"。努尔哈赤"躬诣祖考灵前跪奠"，宣读祭文：

> 吾征明国，以复祖、父之仇。遂得广宁、辽阳。今迎先灵葬
> 于所获之地，祈祖、父上达天地神祇，冥中默佑可也。

然而就在东京陵刚建成不久后，出于军事上的考虑，努尔哈赤又决定迁都沈阳。天命十年（1625）三月初三日"辰刻"，努尔哈赤到东京陵祖、父灵前祭祀，供奉"杭细绸"，宰杀牛五头，焚烧纸钱。之后努尔哈赤出东京城，驻虎皮驿，初四日至沈阳城。此后，东京城只设章京守城，康熙年间东京城宫殿荒废。但每逢国家重大事务，朝廷都要派专人到东京陵内祭祀，以求祖宗保佑。

天命十一年（1626）七月二十三日，努尔哈赤因病去清河温泉洗浴治疗无效，于是八月初一日派二贝勒阿敏恭代祭祀东京陵，在其宣读的祝文中写道：

> 父，你的子汗病了，所以置你的像祭祀，使子我的病速愈，
> 无论做什么都要求扶助。子我愈后，每月朔日将仍旧不断地祭
> 祀。如不愈，我将怎么样呢？

读罢之后，宰杀牛三头，焚烧纸钱，奠酒行礼。

皇太极时期，仍照太祖努尔哈赤旧制祭祀东京陵。

顺治八年（1651）十月二十一日，顺治帝将东京陵的陵山阳鲁山改名为"积庆山"。同年五月，定祭陵礼仪制度：冬至、岁暮、清明、中元、十月朔俱致祭。其祭品：冬至、岁暮、清明各用牛一，献果酒，上饭，上羹，供香灯，焚帛，读祝文；中元、十月朔各用羊一，献果酒，供香灯，焚帛，读祝文。五祭俱遣宗室觉罗大臣致祭。每月朔望为熟羊一，献果酒，供香灯。看守东京陵的章京负责致祭。正是这些祭祀制度的建立，从而进一步确立了东京陵与永陵、福陵、昭陵同为清朝祖陵的历史地位。

自此，东京陵开始兴盛起来，并在历史上达到了顶峰时期。

二、陆续的迁走

东京陵的繁荣只延续了几十年。后来，由于葬在这里的主要人物陆续被迁走，于是东京陵开始走向了衰落。

最先迁走的是努尔哈赤的福晋——富察氏衮代和叶赫那拉氏孟古。原来，努尔哈赤的福陵建成之后，皇太极将努尔哈赤的继福晋富察氏衮代和生母叶赫那拉氏孟古姐姐骨灰迁走葬入福陵。但此时东京陵仍为清祖陵。

第二次被迁走的是景祖觉昌安及其皇后、显祖塔克世及其皇后，迁走葬入尼雅满山岗祖陵（即今永陵），迁走的理由是东京陵风水远不如尼雅满山岗祖陵（即今永陵）好。

顺治十三年（1656）六月十六日，朝中的议政大臣鳌拜等上奏顺治帝：

> 兴京景祖翼皇帝、显祖宣皇帝陵自克取辽东后，迁至东京，原以便展谒伸祭享也。今据钦天监地理官奏称，兴京皇陵风水实系第一福地，请仍迁景祖、显祖陵于肇祖原皇帝、兴祖直皇帝陵旁，庶与风水有合等语。夫果旺气所钟，福祥攸萃，宜如所请，

将各陵界内坟墓、房屋俱应迁移，被迁地亩应交户部拨补。

然而，顺治帝对朝臣解释的理由并不认可，他认为"风水不好"之说有些牵强，且此举还会劳民伤财，因此给予了强有力的反驳：

> 东京二祖陵自太祖、太宗时择吉恭迁，安奉已久，展谒致祭，孝慕可伸。今以地理之言，又议迁移，恐未合理。况本朝诞膺天眷，国运昌隆，移陵东京之后，肇基一统，垂裕万年，言乎福地，允推至善。至于周围界内臣民坟墓安集多年，议令改迁，亦属未协。其另议以闻。

顺治帝半身朝服像

由上文可见，虽然当时的顺治帝只有十九岁，却是比较务实的一位皇帝，对于涉及国家和百姓切实利益事务，一贯是比较节省和关心疾苦的。因此，景祖和显祖迁葬事宜就这样被暂时压了下来。

然而，两年之后的顺治十五年（1658）九月初八日，顺治帝还是将景祖觉昌安及其皇后、显祖塔克世及其皇后和努尔哈赤大伯父礼敦及其福晋、五叔父塔察篇古及其福晋骨灰迁回了永陵内。对于这次迁葬行为，《清世祖章皇帝实录》上却只有七个字的记载：

> 迁东京陵于兴京。

是谁重提旧事？迁葬理由还是风水问题吗？顺治帝又是如何批示的？目前，由于档案的缺失，已经无从查考。但据分析，主要原因有以下两条：

一、永陵的风水的确好于东京陵。

二、合葬一处可以减轻朝廷的负担。

其中减轻负担是最主要的原因。因为此时清朝已经有了三处皇陵，即永陵、东京陵和福陵。每处皇陵都要设置大量的管理、服务和保卫机构，由于机构重复设置，这些机构及人员的开支都是巨大的。减少一座皇陵，在开支费用上就能节省一大笔，而且更便于管理皇陵事务。因此，顺治帝的务实节俭精神发挥了作用，于是景祖、显祖等人被迁回了永陵。

三、目前的状况

由于东京陵内没葬有皇帝和皇后了，与之相关的朝廷皇陵祭祀活动也就终止了。还葬在那里的人由于陵寝级别的降低，祭祀就改为由镶蓝旗、镶红旗诸王贝勒本家自行管理。但每当有皇帝东巡时，仍将其作为祭祀坟茔派遣大臣前往祭祀，并形成定制。

据《钦定大清会典事例》记载，康熙二十一年（1682），康熙帝第二次东巡时有这样的规定：

> 贝勒以下、奉恩将军以上一品官墓，遣官致祭。
>
> 东京庄亲王、笃义刚果贝勒墓，亦遣大臣往祭。

因此，乾隆帝、嘉庆帝、道光帝等东巡时，均是遵照旧制"遣官致祭"。

后来，经过数百年的风雨沧桑，东京陵的一些墓葬遭到了严重毁坏，到上世纪初，穆尔哈齐园寝右侧还有努尔哈赤之弟多罗贝勒雅尔哈齐园寝，在舒尔哈齐园寝右侧还有努尔哈赤之侄祜尔哈园寝，以及努尔哈赤从弟多罗刚果笃义贝勒巴雅喇园寝和硕色贝勒园寝等。并在东京陵附近，还有一些陪葬墓。然而，到如今却只剩下了舒尔哈齐园寝、褚英园寝和穆尔哈齐园寝等三座保存较完整的园寝。

在历史上，东京陵的兴衰与福陵有无存在有着直接的重要关系。于是当福陵出现后，东京陵作为清陵史上的一个插曲，就没有必要继续以皇室陵寝地位存在，因此它适时地退出了政治历史舞台，遂成为清朝诸王贝勒家族私人园寝。但作为历史上的一个时代记忆，东京陵并没有被历史和后人所遗忘。

东京陵文物单位保护标志碑

1988年12月20日，东京陵被辽宁省人民政府列为省级保护单位。

2013年5月3日，东京陵被国务院列为第七批国家文物保护单位。

现在，根据史料记载和实地调查，将这三座园寝简单介绍如下：

一、舒尔哈齐园寝　位于三座园寝的最北面，是三座园寝中规模最大的。园寝呈长方形，坐向朝东南，前后有两层院落，前院建有一座单檐歇山顶、青砖布瓦、大脊、螭吻、兽头俱青素、四券门洞碑亭，四檐角顶端各挂有一个铁铃铛。亭内有赑屃驮负的一统三米高石碑，碑文为满汉文合璧，梁架及天花藻井为彩画，地面为青方砖墁地。前后院之间，有一座带门楼对开门相通，后院有一宝顶，环以围墙。

历史上，墓主人的人生档案是这么记载的：

东京陵之舒尔哈齐园寝大门

舒尔哈齐园寝碑亭

舒尔哈齐园寝碑亭内部天花

舒尔哈齐园寝墓碑

舒尔哈齐园寝的第二道门

　　舒尔哈齐（1564—1611），清初的著名人物，是显祖塔克世的第三个儿子、努尔哈赤的同胞弟弟。在努尔哈赤统一东北、建立后金政权的最初岁月里，兄弟二人同气连枝，患难与共，共创大业。舒尔哈齐性格坚毅顽强，勇猛善战，战功卓著，是努尔哈赤的左膀右臂，其地位与努尔哈赤平起平坐，成为后金政权中赫赫有名的二号人物。

　　后来，由于权力的扩大和军功的增加，舒尔哈齐犯了严重的思想错误，开始与努尔哈赤发生明显的分歧，并在与努尔哈赤分享权力和财产的同时，还私下结交明朝、朝鲜，与满洲其他部落联姻，战争中也不肯出力。当努尔哈赤收回了他的军权后，竟然与努尔哈赤公开为敌。由于在抗争中失败，明万历三十九年（1611）八月十九日被关押至死，卒年四十八岁。顺治十年（1653）五月，被追封为和硕亲王，谥号"庄"，并敕建碑，碑亭为光绪年间建造。

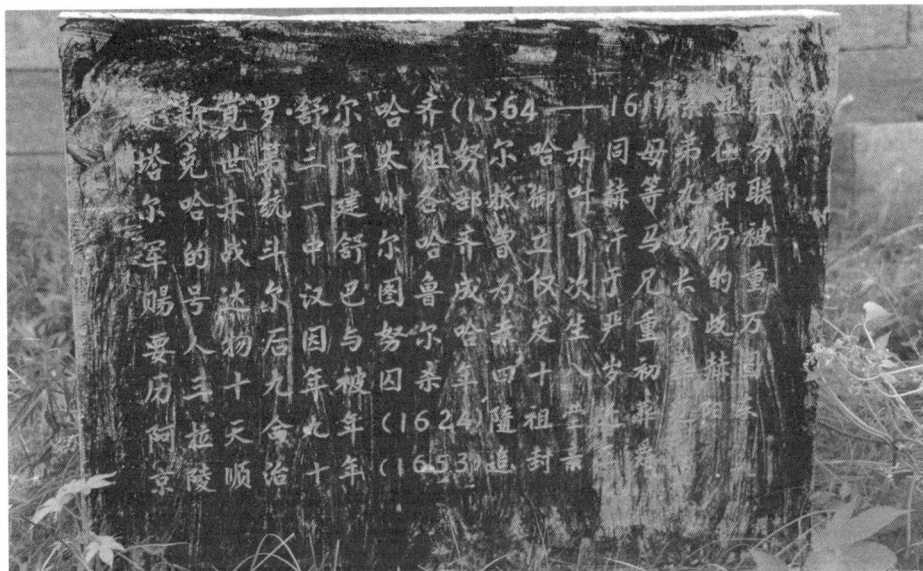

现代人立的介绍舒尔哈齐生平简介碑

　　二、褚英园寝　位于舒尔哈齐园寝的东侧，面向东南，两者之间相距几米远，规模也小很多，只有一进院落，院内有一座宝顶。

　　墓主人的人生档案，简介如下：

　　褚英（1580—1615），努尔哈赤的长子，母为元妃佟佳氏。舒尔哈齐死后，努尔哈赤开始逐渐让褚英带兵。后来努尔哈赤因其英勇，封其号为"阿尔哈图土门"。由于军功显赫，被赋予了处理国政的大权。但由于与努

褚英园寝大门

褚英墓

尔哈赤的"四大贝勒""五大臣"发生了权力上的纷争矛盾，不久被拉下马。又因为他私下诅咒行为的败露，被努尔哈赤关押。两年后，明万历四十三年（1615）八月二十二日，年仅三十六岁的褚英死于禁所。皇太极即位后，改封其为广略贝勒。

三、穆尔哈齐园寝 位于舒尔哈齐、褚英园寝的东侧一百多米处，只有一进院落，院门为三座门。在院门前分别立有三统赑屃驮石碑，中碑是穆尔哈齐的，左侧是穆尔哈齐儿子大尔差的，这两碑是在康熙十年（1671）敕建的。右侧石碑是伪满洲国康德三年（1936）穆尔哈齐十世孙宝熙、宝洽所立，此碑的背面也镌刻有文字。院内有一条砖铺路通往并排的两宝顶之间，右侧是穆尔哈齐墓，左侧是他的儿子大尔差墓。

两位墓主人的人生档案，简介如下：

穆尔哈齐（1561—1620），姓爱新觉罗，为清显祖宣皇帝塔克世之子，清太祖努尔哈赤同父异母之弟，出生于明嘉靖四十年（1561），生母皇妃李佳氏，古鲁礼之女。战功卓著，被赐号清巴图鲁（汉译为"诚毅"）。穆尔哈齐卒于天命五年（1620）九月初十日，终年六十岁。死后努尔哈赤亲

穆尔哈齐园寝前的三统碑

穆尔哈齐园寝的三座门

穆尔哈齐园寝之穆尔哈齐和大尔差的宝顶

奠。初葬于虎栏哈达之赫图阿拉（今辽宁省新宾县永陵镇老城村）。天命九年（1624年）四月初一日迁葬于东京陵。后于顺治五年（1648）六月，被追封为多罗贝勒，谥曰"勇壮"。

大尔差，又写作"达尔察"，清太祖努尔哈赤之侄，努尔哈赤二弟穆尔哈齐第二子，曾随太祖出征。于天命九年（1624）卒，二十九年后即顺治十年（1653）被追封为辅国公，谥号"刚毅"；又十八年后，即康熙十年（1671）御赐立碑。此公死后二十九年才有辅国公封号，四十七年后才为之立碑。

目前，尚不知大尔差何时入葬在这里的。

四、东京陵之谜

由于历史原因，通过研究和调查发现，东京陵存在着两个难解之谜：

（一）东京陵规制之谜

据分析，当时营建的东京陵，其规制和建筑都是非常简单、简朴的，其主要依据有两条：

其一：努尔哈赤建尼雅满山岗祖陵（即今永陵）、东京陵这两座陵寝时，其政权并没有多少财力、人力，且当初迁都辽阳兴建东京城时就遭到过朝臣的反对。因此，努尔哈赤不可能为营建东京陵花费本来就少的物质和人力资源。

据《清太祖武皇帝实录》记载:

> （迎送景祖、显祖等灵柩）至东京城东北四里岗上，建立灵堂
> 安置之。

按照上述记载，当时东京陵只是建有享堂，安葬骨灰于灵堂的地下。

其二：当时的东京陵是努尔哈赤营建的第二座满洲政权陵寝，在这之前营建的尼雅满山岗祖陵（即今永陵）规制和建筑都是非常的简单、简朴。而且在东京陵之后，皇太极为努尔哈赤所建的太祖陵（即现在的福陵）规制、建筑也是非常的简单、简朴。其建筑规制中均没有设置宝顶、地宫等建筑。

据此可以推想，既然当时尼雅满山岗祖陵（即今永陵）、福陵等规制和建筑都很简单、简朴，那么，东京陵的建筑规制也不会超过这两座陵寝的。故此，初建的东京陵，充其量就是建有一些既有祭祀功能，又有埋葬功能的享堂之类的建筑。

（二）现存的东京陵园寝中为什么没有享殿?

据实地调查，此三座园寝均未有供奉神牌、祭祀用的享殿。

据笔者分析，这是因为当初东京陵建筑规制简单、简朴造成的。那些被努尔哈赤迁葬来的骨灰罐都是被集中供奉在享殿或者配殿里，并没有安葬在地宫内。当东京陵最主要的墓主人骨灰迁走后，随着陵寝级别的降低，原先的享殿等建筑或被拆毁或因没有维修而荒弃。于是那些没有被迁走的王爷、贝勒等，其本家家族在参照关内皇族坟墓做法的基础上，按照自费原则，彼此营建了自己独立的祖坟，将祖上骨灰各自安葬。出于节省或者当时的制度等原因，大多数园寝都没有建享殿。

以上只是不成熟的分析，具体情况如何，尚需相关档案的发现。

我们再来看看努尔哈赤的祖陵——永陵。

第 六 章

走进清朝祖陵——永陵

作为清朝皇帝的祖陵，历史上的永陵虽然多次改建和扩建，但仍然是现有的建筑规制最为简朴、建筑布局最为特殊，也是占地面积最小的一座皇帝陵。

一、风水：最受吹捧

永陵，位于辽宁省新宾县永陵镇西北 1 公里远的启运山南面，东距县城二十三公里，历史上曾称为"赫图阿拉老陵""尼雅满山岗祖陵""四祖陵""兴京陵"等名称。如今葬有努尔哈赤的六世祖肇祖原皇帝孟特穆及原皇后、曾祖兴祖直皇帝福满及直皇后、祖父景祖翼皇帝觉昌安及翼皇后、父亲显祖宣皇帝塔克世及宣皇后、大伯父武功郡王礼敦及福晋、五叔父恪恭贝勒塔察篇古及福晋等人。

明嘉靖三十五年（1556），兴祖直皇帝福满最早葬入永陵（当时称"尼雅满山岗祖陵"）。万历十一年（1583）二月，努尔哈赤将祖父、父亲二人葬入。万历三十四年（1606）一月，皇太极的生母孟古葬入。天命九年（1624）四月，努尔哈赤将祖父觉昌安、父亲塔克世二人迁葬东京陵。天聪八年（1634）七月，皇太极尊赫图阿拉为"天眷兴京"，将尼雅满山岗葬有先祖的家族墓地尊称为"兴京陵"，并在兴京陵为六世祖孟特穆设置衣冠冢。崇德元年（1636）四月十二日，皇太极在沈阳称帝，建国"大清"，追尊孟特穆、福满、觉昌安、塔克世"四祖"为王，始祖（孟特穆）为泽王、高祖（福满）为庆王、曾祖（觉昌安）为昌王、祖（塔克世）为福王，称此陵为"兴京二祖陵"。顺治五年（1648）十一月，追尊四祖考妣帝后尊号。顺治十五年（1658），葬在东京陵的觉昌安、塔克世被迁回兴京陵。

顺治十六年（1659）九月二十三日，因兴京陵是满洲发祥重地，为展孝思，"宜隆显号"，顺治帝尊称兴京陵为"永陵"。十一月二十五日，派官至"兴京陵"上陵号"永陵"。永陵的陵寝名称满文书写为 ᠊᠊᠊᠊᠊᠊᠊，满文转拉丁文书写为 enteheme munggan，满文译音为"恩特和墨蒙安"，汉语意思为"永久""永世"。自此，永陵与沈阳福陵、昭陵并立为"关外三陵"。

作为清太祖努尔哈赤的祖陵，永陵具有特殊的政治根源。因此，它的地理位置常常被蒙上一层神秘的色彩，于是清朝常常对它的风水大加赞美。

康熙二十一年（1682）三月十一日，康熙帝祭祀永陵时作《雪中诣永陵告祭》诗赞美永陵风水：

> 峰峦叠叠水层层，王气氤氲护永陵。
> 蟠伏诸山成虎踞，飞骞众壑佐龙腾。
> 云封草木桥园古，雪拥松楸辇路升。
> 一自迁岐基盛业，深思遗绪愧难承。

永陵，北靠启运山，南临苏子河与烟筒山，坐向为西北面朝东南，即风水术语中所指的"乾山巽向"。按照古时风水理论标准来说，启运山为永陵的"靠山"，是皇陵"风水"的根基，是"龙脉"的象征，也是选建皇陵风水的必须具备条件，因此被称为陵山。

由于启运山为永陵的陵山，因此清朝的官书对启运山的风水也是称赞不绝。其中，《钦定盛京通志》上记载：

> 启运山，兴京城西北十里永陵在焉，自长白山西麓一干绵延折至此，重峦环拱，众水朝宗，万世鸿基实肇于此。

又，《皇清陵寝风水纪略》也有如下的记载：

> 启运山，在兴京城西北十里，万峰环拱，众水朝宗，龙盘虎踞，源钟长白，秀结巫间，沧海南迴，混同东注。此山王气所

《钦定盛京通志》上的永陵图

钟，诚万世帝业之基，即永陵也。

　　为了保护永陵，顺治十三年（1656），清朝在永陵墙外十五公里处设立红桩，红桩外七公里处设立白桩，白桩外五公里处设立青桩，在四周交通要道设立界牌，界桩和界牌上悬挂警示牌，告示附近人等禁止进入陵区。其中，红桩之内寸草为重，擅闯入者按《大清律例》严惩不贷；白桩之内禁止樵采；青桩之内禁止设窑烧炭。

　　启运山，有人称其原名为"桥山"，是长白山延伸部分的龙岗山脉，所以又称"尼雅满山岗"，山形走势为东南、西北走向。

　　顺治八年（1651）十月二十一日，顺治帝敕封永陵的陵山为"启运山"。"启运"二字，有"光启宏图、肇兴帝业、开先裕后"的意思。用此来暗示大清帝国的江山基业从此鸿运广达，永远腾飞。

　　乾隆十九年（1754）九月，乾隆帝第二次到盛京展谒祖陵时，专门写诗《恭瞻启运山作歌》赞美启运山风水：

> 长白龙乾西南来，灵山启运神堂开。
>
> 源远流长绵奕世，骈蕃禔祉皇图培。
>
> 肇祖衣冠秘陵室，三祖元宫千载谧。
>
> 仇成不共何忍言，七恨兴师此第一。
>
> 爰始爰谋缅禀父，桥山景佑犹故土。
>
> 昌平樵采禁至今，朝家厚德昭千古。

永陵背靠的是启运山

　　由于启运山被认为是清朝皇室龙脉，于是有人将启运山错落起伏的山峰与清朝的国势联系起来，把启运山的十二座山峰说成是清朝十二帝象征。启运山东侧第一、第二座小峰代表努尔哈赤和皇太极，第四、第六山峰最高，则是象征康乾盛世，最后一个几乎不能称山峰的山峰则是代表末代皇帝溥仪，所以注定清朝第十二个皇帝为亡国之君。

　　其实，这只是将历史经过揣测与联想之后，赋予启运山山势的牵强之说，只能算是一种对皇陵风水诠释作用的解释而已，是没有任何科学道

乾隆年间绘制的永陵图

理的。

清朝除了对永陵的启运山大加称赞外，对永陵的风水也是多有称赞。但实际上，永陵风水不仅并无特殊之处，相反，永陵在历史上还多次饱受水患的侵蚀。

有史料可查的记载有这么一条，顺治十年（1653）七月，辽东地区

"雨潦为灾，放射倾颓，田禾淹没，兵民困苦"。

永陵地区为什么会有如此多的暴雨水灾呢？

原来，永陵的地理区域处在烟囱山的迎风坡北，烟囱山的山向又是东西偏南走势，西风与西北风气流受阻抬升，雨云加大，容易促使暴雨形成。而永陵又是建于苏子河北岸，东有草仓河（又称"玉带河"），西有月牙泡河，三面临水一面靠山。每逢雨季，苏子河上游诸多河水都汇集苏子河中，河水暴涨。如果遇到山洪暴发，苏子河与草仓河的河水就会泛滥，这就会对永陵造成严重的水灾。为了防范水灾，建陵之初，就已考虑防水和排水问题。不仅将陵寝建在地势较高处，还在陵寝后宝城墙外设置了七条排水井，以利于排水。排水井为青砖镶砌，上设有石板盖，总长为一百三十六丈。但这些井虽能排泄来自靠山的雨水威胁，并不能解决来自苏子河水暴涨问题。因此，永陵的水灾频现，危及陵寝。水患危害，事关祖陵，关系重大，于是，这就令清朝不得不考虑治理危及陵寝安全的水灾。

雍正八年（1730），雍正帝为了治理永陵和福陵水患，派高其倬和工部主事管志宁到盛京"敬谨相度"。高其倬在对永陵详细勘察后，上奏雍正帝：

> 钦遵圣旨，恭瞻永陵形势，其龙与长白分干，势由纳绿起祖，高冠群山，秀出天表。备尊雄颖丽之观，光景耀日；极逶迤顿跌之妙，气概惊人。苏子洪河，当前绕抱；浑河巨浸，在后萦环。千里大会之山，作朝作护；万仞北辰之巇，镇水镇垣。

高其倬不仅对永陵的形势大加赞美，还对永陵的神树，以及永陵的殿宇营建规模方位合理合法，倍加称赞。然而，称赞之后话锋却一转，开始点评永陵房舍在方位上营建的欠缺，"惟前面左厢房物件应行补盖"，与右边相配始为均称。然后又对永陵的水患治理，提出了自己的看法，即由于永陵的西面有一条小河，即月牙泡河，每逢夏天雨季，河水容易冲上道路，而令路人环绕山脚行走，故此应该修建一道河堤拦挡河水。并将此道路垫土加高，供往来行人通过，别在启运山"龙头"下行走。

看过高其倬的奏折，雍正帝比较满意。于是派平郡王福彭到永陵主持河工。福彭带领钦天监博士刘毓坼等有关官员抵达永陵，经过与盛京将军、盛京工部侍郎一起相度，最终议定了施工方案，画出工程图，上报雍正帝。经过钦天监择吉，于雍正八年（1730）五月二十四日开工，建西厢房（茶膳涤器房）五间，建陵西石堤三百六十二丈，疏通河流，建陵西小河石堤、桥、拦水坝。雍正九年（1731）十二月，平郡王福彭上奏全部工程告竣。

然而，上述工程的竣工，并未彻底解决永陵的水患，永陵的水灾依旧发生。

雍正十三年（1735）六月，兴京地界连降暴雨，山洪将永陵堤坝冲毁。

乾隆三十一年（1766）四月，因去年雪大，冰雪融化，永陵地区发生水灾。

嘉庆十五年（1810）六月，兴京连降暴雨，河水暴涨，淹没了永陵土地，冲毁了永陵甬路，明堂前泊岸被冲毁，树木冲倒，永陵的东下马牌被冲倒。就连永陵总管衙门也被冲毁，总管满福全家被淹死，总管大印被冲走。

道光十四年（1834）六月，暴雨和山洪再次发生，永陵外围的鹿角被冲走五百六十八架，明堂前土堤泊岸上的树木被冲倒数百棵，鹿角基地和道路均被冲残坑坎，砍伐的木料被冲走二百余件，民房也有倒塌。

道光二十一年（1841），大水冲毁了明堂前土堤泊岸，夏园行宫[①]也有毁坏。

同治七年（1868）七月末，由于山水陡发，草仓河河水暴涨，河水漫过堤坝，泊岸西头被冲毁，护堤树木被冲倒，原设鹿角和板桥被冲走，石

---

① 夏园行宫，是专为皇帝祭祀永陵驻跸建造的宫殿。

堤倒塌二处，陵前甬路被冲断成坑。

……

由此可见，尽管清朝对永陵地区水患防范治理多年，但永陵地区的水灾依旧猖獗。这在一定程度说明，永陵所在地理位置，并非是风水俱佳的宝地，而是水灾频现，难以治理。

历史上，虽然没有记载永陵的陵址风水是谁选定的，但其陵寝地宫风水的选定人却有记载。据《九朝东华录》记载，永陵、福陵、昭陵、孝陵地宫风水，均是由钦天监刻漏科杜如预、五品挈壶正杨宏量于康熙初年选定的。

永陵为全国重点文物保护单位标志碑　　　　永陵为世界文化遗产标志碑

作为封建帝王的陵寝，虽然永陵的水患难以消除，但这并不影响它成为历史建筑名迹。

1988 年 1 月 13 日，永陵被国务院列为全国重点文物保护单位。

2004 年 7 月 1 日，永陵被联合国教科文组织列入《世界文化遗产名录》。

二、最独特的规制

永陵的建筑规制比较奇特，但很简朴，其整体布局为三进院落和一个西跨院，即"前院""中院""后院"和省牲所。

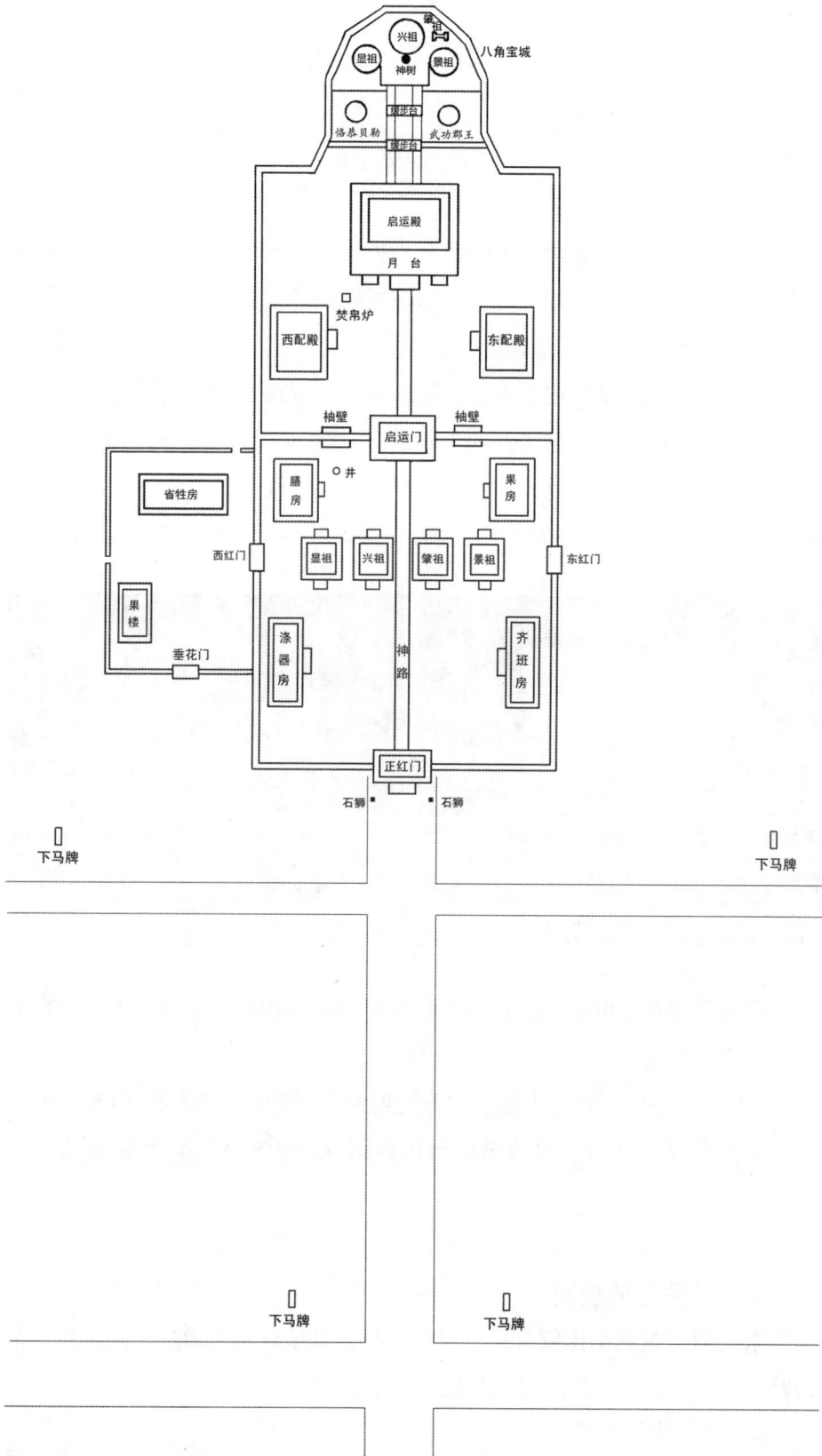

兴祖
肇祖
显祖
景祖
神树
八角宝城
悟恭贝勒
武功郡王
望柱台
望柱台

启运殿
月　台

焚帛炉
西配殿
东配殿

袖壁
启运门
袖壁

省牲房
膳房
井
果房

西红门
显祖
兴祖
肇祖
景祖
东红门

果楼
涤器房
神路
齐班房

垂花门

正红门
石狮
石狮

下马牌
下马牌

下马牌
下马牌

永陵平面示意图（绘图　徐鑫）

　　据实地调查，在永陵正红门前面及两侧，均立有汉白玉下马牌，门前两侧有石狮子一对。前院建筑有正红门、齐班房、茶膳涤器房、神功圣德碑亭、果房、膳房、东红门、西红门；中院建筑有启运门、东配殿、西配殿、焚帛炉、启运殿；后院建筑为台阶、宝城和台地。台地为上下两层台，台地上有五座土坟丘，坟丘为散土堆。三进院落之间由神道贯穿相通。

　　西跨院为省牲所，是永陵的附属建筑，其建筑有垂花门、省牲房、果房（原为上下两层三间建筑）。

　　另外，陵寝的附近还有更衣亭、官碾房、冰窖等，但已无遗址。

　　初建时永陵是十分简陋的，目前的建筑和规制是经过一百多年时间不断改建、增建、扩建才形成的。

　　下面，简单介绍一下永陵建筑功能及营建或改建时间。

　　下马牌。永陵的下马牌有四座，永陵南面约二里处有两座下马牌，永陵正红门前左右两侧还各设有一座下马牌，牌身由左至右用满、蒙、藏、回、汉五种文字分别镌刻着"诸王以下官员人等至此下马"字样。其作用是用以警示人们已经进入陵寝重要场地，为了表示对皇陵的敬仰，无论是坐轿还是骑马的官员，到这里都要下马或下轿步行。

永陵西侧的下马牌

永陵神功圣德碑

　　永陵下马牌，原是木制牌。乾隆四十八年（1783）九月十一日，乾隆帝上谕：木牌俱改石牌，以五体文字书写，以示国家一统和同文之盛。乾隆四十九年（1784）五月二十五日，改建下马牌工程兴工。

永陵正红门

　　正红门。永陵前院的大门叫正红门，又称大红门或前宫门，是一座面阔三间的单檐硬山顶式黄琉璃瓦覆顶建筑。门前原有月台，月台前设有如意石一块。永陵的正红门的门扇极为特殊，明显与其他清皇陵有区别，每间均为对开的红色木栅栏门扇，让人从外面就能窥视到里面的一些内景。门扇采用对开木栅栏门，这是满族先世"树栅为寨"的民俗遗风。

　　此门虽简朴，但也是有不同的称呼和功用的。其中，中门称神门，因为人死后被称为神，只能供墓主人神灵出入，平时并不打开，只有大祭日时供抬祭品、祭器人员出入；东门称君门，意思是只有皇帝祭祀时才能使用；西门称臣门，是大臣们出入行走的。

永陵东红门

　　东红门和西红门。正红门的两侧，是围绕陵区的朱红色围墙，称为"风水墙"。风水墙东西两侧各建有一座青瓦顶门，分别称为东红门、西红门，其位置正对前院四祖碑亭侧面。其中，西红门外是省牲所。

　　石狮。永陵正红门前月台上的南面，左右两侧立有一对石狮。由于石狮太过古旧破损，被撤下移到前院内的齐班房门口两侧。在原先石狮子位置换上新雕刻的一对石狮子。但新雕刻的石狮子与原先石狮子的雕刻差异很大，远远没有原先雕刻的憨厚可爱。

永陵正红门前石狮

永陵正红门前原有石狮

　　神功圣德碑亭。通过正红门进入陵区，迎面是一组四座并排的、规制相同的单檐歇山顶式黄琉璃瓦覆顶建筑，称为神功圣德碑亭。这是一组纪念性建筑，取义为"祖有功而宗有德"的意思。因为永陵埋葬有顺治帝追

永陵的四座神功圣德碑亭

封的肇、兴、景、显四位皇帝，于是按照左昭右穆规制，由东向西依次建
有景祖翼皇帝、肇祖原皇帝、兴祖直皇帝和显祖宣皇帝等四座神功圣德碑
亭。努尔哈赤的这四位祖先，生前并没有当过满族汗王、皇帝，他们的皇
帝封号，是后人顺治帝追尊的。在我国封建时期，自古就有得帝者尊先人
为帝的做法，以此来证明自己的"天下"是"顺应天意"、是从祖先那里
继承得来的。即所谓"尊敬先世，人之至情。祖父有天下，传之于子孙。
子孙有天下者，追尊于祖考"。所以，顺治五年（1648）十一月初五日，
顺治帝追尊四位祖先为皇帝，并为他们分别营建了神功圣德碑亭。其中，
中间肇祖原皇帝、兴祖直皇帝的神功圣德碑亭建于顺治十二年（1655）；
东西两侧的景祖翼皇帝、显祖宣皇帝的神功圣德碑亭建于顺治十八年
（1661）。这四座神功圣德碑亭所建时间不一样的原因，是因为景祖翼皇帝
和显祖宣皇帝在顺治十五年（1658）九月才由东京陵迁葬过来。

因四座神功圣德碑亭并排在一起的关系，永陵神功圣德碑亭与其他皇
陵有所不同，均只有南、北两座券门。券门的门上部弧形券脸石上用浮雕
的手法雕刻二龙戏珠图案，两侧券门础立石上雕刻浮雕坐龙。说是坐龙，

永陵神功圣德碑亭拱券门券脸石

永陵神功圣德碑亭拱券门的西侧础立石上的立龙

看其造型形态：其臀部坐地，一前爪着地支撑，一前爪托耍火球且昂首前望，也有些酷似坐犬。据《建州闻见录》记载："犬，胡俗以为始祖，切不宰杀。"满洲旧俗也有满人不杀犬、不食犬、不准使用狗皮的做法。因为据传说，曾有大青狗救过努尔哈赤的命，于是为了感激狗的救主之恩，满洲人世代视狗为神兽。其实，这是因为满族是游牧民族，狩猎往往离不开狗，故此有崇狗习俗。

神功圣德碑亭内均立有一统石碑，石碑由碑头、碑身和赑屃三部分组成。碑头为四盘龙，碑身为碑文。碑文由东向西用蒙、满、汉三种文字合璧镌刻，概述墓主人一生的功德事迹。碑座为巨大的石赑屃，由于被红、黄、蓝、白、黑五种颜色涂饰，故此又俗称"五彩赑屃"。赑屃下面没有水盘，只有一个与地面水平的石底座。

永陵神功圣德碑赑屃

永陵神功圣德碑

永陵神功圣德碑亭藻井

　　齐班房，又称大班房。其位置在神功圣德碑亭南面东侧，为五间面阔的厢房，是存放祝板和守护陵寝官员当值休息的场所。其中，作为存放祝板场所，只是大祭前供笔帖式再次缮写祝板和供奉祝板，属于临时性用房。

永陵齐班房

　　茶膳涤器房。齐班房对面的西侧五间面阔厢房是茶膳涤器房，是制作祭祀用奶茶和清洗、存放祭器的场所。其中，作为清洗祭器功能，属于临

永陵茶膳涤器房

时性场所，为每年七月一次，届时盛京工部派人携带"药物"来此清洗祭器，即所谓的"炸洗"。

果房。神功圣德碑亭北面东侧有一座面阔为三间的厢房，称为果房，是制作和存贮祭祀用果品、蔬菜、酒、酒具及其他祭祀器具的场所。

膳房。与果楼相对的西侧厢房为膳房，是制作祭祀用的各种面食的地

永陵果房

永陵膳房

方。膳房前北侧，有一口井。

省牲所。在这层院子的西墙外有一座封闭的独立院落，被称为省牲所，又称打牲亭，是加工、存储祭祀用牛羊等牲畜的场所。省牲所的正门为垂花门。此院与西红门相通，也许这样的设计方案，就是考虑了可以方便快捷将祭祀供品传递到陵区内。省牲所内有正房和厢房各一座，被称为省牲房和果楼，院子西侧有牛羊院和冰窖等。

省牲房。在省牲所院内北面有一排南向正房五间，门在西次间，四扇对开，窗户也是四扇对开。省牲房是深加工、存储祭祀用牲畜的场所。

永陵省牲所的省牲房

永陵西红门及省牲房

果楼。在省牲所院内南面西侧有三间两层厢房，门为四扇对开，窗户也为四扇对开。其作用是储存和晾祭祀所用蔬菜和果品等。复建时改为三间一层的房舍样式。

牛羊院。在省牲所西侧，有一院落，院内有瓦房间，是专供屠宰祭祀用牛羊场所。牛羊院是省牲所的一部分，目前已无存。冰窖目前也已无存。

永陵省牲所果楼

启运门。在肇祖和兴祖两神功圣德碑亭中间，有一条神路直通永陵的中院即第二进院落的大门——启运门。启运门为三间通道门，单檐歇山顶式黄琉璃瓦覆顶建筑，正脊上饰六条戏珠行龙，四条垂脊上各饰有兽头和仙人走兽。殿脊上有螭吻，东面螭吻上带有"日"字，西面螭吻上带有"月"字。中门为神门，左（东）门为君门，右（西）门为臣门。每间门均为对开式门扇，每扇门上均镶嵌有八十一颗鎏金铜钉。启运门是永陵的第二进院落的大门，也是进入陵寝中院的必经之门，在功能上，相当于关内清陵的隆恩门。

永陵启运门

永陵启运门斗匾

顺治十八年（1661），永陵的大修工程完毕后，正式尊称永陵享殿为"启运殿"，尊称宫门为"启运门"。在清陵中，永陵是唯一称宫门为"启运门"、称隆恩殿为"启运殿"的陵寝。

袖壁，又称龙壁。在启运门左右侧的内外山墙各有一座彩陶袖壁，袖壁的正中部分为立体感极强的升龙、行云及海水江崖等图案，袖壁四角装饰有祥云和缠枝莲。袖壁为悬山式青筒瓦墙帽彩色陶瓷影壁，正通脊两端安装龙头卷尾鸱吻，宝剑把斜插，底座为石制须弥座。此袖壁由诸多小构件陶瓷拼装而成，每个小构件上都刻有标明安装位置的文字。袖壁在启运

永陵启运门西侧的琉璃袖壁

门两侧左右对称，前后两两相背，共四座，建于顺治十三年（1656）。

启运殿，又称享殿，是永陵祭祀的主要场所，相当于关内清陵的隆恩殿，殿内供奉着努尔哈赤的四祖四后神牌。

永陵的启运殿为单檐歇山顶式黄琉璃瓦覆顶建筑，面阔三间、进深两间，前、左、右三面环廊，建在没有栏杆、栏板的月台之上，月台前有三路花岗岩石踏跺，中路设有素面无纹饰御路石。

启运殿的殿顶初为青瓦瓦件，康熙十六年（1677）改为老黄琉璃瓦。启运殿殿脊上的螭吻，又称鸱吻、正吻，是宫殿屋顶的重要装饰，它是位于大殿屋顶正脊两端的龙形饰物，最早在西汉武帝时就出现了。相传为镇火灾的吉祥神物，后来成为一种寓实用性与装饰性于一体的屋顶防雨构件，正好覆盖在正脊与两条垂脊的交合点上，使屋顶不易漏水。明代定名为"正吻"或"蚩吻"，民间俗称"吞脊兽"。螭吻的美化装饰建筑物的作用是不可低估的。

永陵启运殿

永陵启运殿内神龛

永陵启运殿殿脊上的东面螭吻及螭吻上的"日"字
（陈赫　摄）

永陵启运殿殿脊上的西面螭吻及螭吻上的"月"字

永陵启运殿月台前中路踏跺及素面无纹饰御路石

启运殿殿脊上的螭吻与福陵隆恩殿和昭陵隆恩殿的螭吻式样相同，且都是东面螭吻上带有"日"字，西面螭吻上带有"月"字。但与关内皇陵殿脊和北京紫禁城各殿脊的螭吻式样不相同。

永陵启运殿后墙门

启运殿有一个特殊之处，那就是殿内北墙上开设有一个拱券式门洞，门为对开木板门扇。拱券为石制，拱券上面有一块砖雕，上面有汉文"天下太平"四字。后门开于顺治九年（1652）正月。原来在康熙元年（1662）以前，享殿的祭祀只是设香案、五供，不设宝座、神牌。每逢祭祀时打开启运殿的后门，面对后院的宝顶，行"望陵祭"。康熙元年（1662）之后才将四祖四后神牌供奉在享殿的暖阁中，后门自此废弃不用。

东配殿。启运殿的东配殿，单檐歇山顶，面阔三间，前、左、右三面环外廊，建于顺治十年（1653）至顺治十三年（1656）之间。除了存放祝板、祝帛等祭品外，在启运殿大修时，移请肇祖原皇帝和兴祖直皇帝及其皇后神牌到此供奉祭祀所。

永陵东配殿

永陵东配殿内景一角

西配殿规制与东配殿相同，殿内北墙南向设有两座神龛与套毗卢帽顶黄纺丝油单罩一架，功能是启运殿大修时，移请景祖翼皇帝及其皇后和显祖宣皇帝及其皇后神牌于此祭祀。在殿内的南山墙处，立有乾隆帝御笔"神树赋"的卧碑。碑身四周刻有回文，碑座为须弥座，上刻祥云、海水江崖等吉祥纹饰，上涂五色。碑文为竖写阴刻楷书汉文，共三十六行三百三十一字。乾隆十九年（1754）第二次东巡诣永陵时作此赋；乾隆四十三年（1778）第三次东巡诣永陵，亲笔御书《神树赋》，命刻碑尊藏；十月御书刻毕，从北京领回，盛京工部配座；乾隆四十四年（1779）二月安放在永陵西配殿尊藏。

永陵西配殿

"神树赋"碑

在清陵中，永陵西配殿是唯一不是在祭祀中喇嘛念经的地方。

焚帛炉，又称焚帛亭、燎炉。焚帛炉位于西配殿的北侧，是祭祀时焚

永陵焚帛炉

永陵焚帛炉北面

烧祝帛、祭文与金银纸锞子的地方。焚帛炉为青瓦歇山顶式方形小亭子，炉口为南开门，其他三面均设有一圆形小孔，用于排烟。永陵焚帛炉建于顺治十年（1653）至顺治十三年（1656）之间，建筑级别明显低于其他皇帝陵，是清陵中唯一的一座砖砌焚帛炉。

永陵宝城的台地、台阶及堆土式坟丘

宝城。启运殿的后面为永陵的第三层院落——宝城，又称"坟院"。宝城的院墙形状是半圆形八角，宝城墙体为大青砖白灰砂浆砌筑，墙头起瓦筒瓦墙帽脊，墙头转角处设有莲花宝瓶。

登上二十级踏跺便可以到宝顶的高台之上。这二十级中间有两个缓步台，将踏跺分为三段，即五步、七步、八步。按照古书上的说法，这里有连升三级、三星高照的意思。

永陵宝城素面御路石

永陵宝城踏跺

台地分为上下两级。上层台地正中埋葬的是努尔哈赤的曾祖父兴祖直皇帝福满及直皇后；东侧稍前葬有努尔哈赤的祖父景祖翼皇帝觉昌安及翼皇后；西侧稍前葬有努尔哈赤的父亲显祖宣皇帝塔克世及宣皇后；在福满东北隅葬有努尔哈赤的六世祖肇祖原皇帝孟特穆及原皇后的衣冠，没有坟包。其余三座均为堆土坟。

下层台地被中间素面御路踏跺台阶分为东西两块。东侧葬有努尔哈赤的大伯父武功郡王礼敦及福晋；西侧葬有努尔哈赤的五叔父恪恭贝勒塔察篇古及福晋。

1981 年 6 月 18 日至 26 日，辽宁省博物馆考古队（今辽宁省文物考古研究所）与新宾县文物管理所（今清永陵文物管理所）组成发掘小组，对这两座古墓进行了保护性清理发掘。

通过发掘清理发现，两墓均由封土和墓室两部分组成。所谓封土即墓室上部的堆土，民间俗称坟包。封土有三层，最上一层是黑色杂土，第二层为纯黄土，第三层为残砖。三层封土厚度各不相同，且分布不均匀。黄土和残砖是顺治时期所留，杂黑土为后期所添。墓室为石灰砌青砖，不辟竖穴，墓室为南北向长方形，墓室顶部为半弧形券顶，墓室的券门为磨砖对缝，砖面上的刻画是表示顺序位置的记号。

墓室内无随葬品，在一块一尺见方的青石板上放置一个骨灰罐，罐四周填满木炭，骨灰罐上蒙一块明黄金线刺绣蟒缎彩色方巾，明黄缎带扎口，罐内装有木炭、明黄夹袍一件和数块骨渣。两墓室出土的

恪恭贝勒塔察篇古骨灰罐　　武功郡王礼敦骨灰罐

两个骨灰罐各不同。礼敦墓出土缸胎鳝鱼釉鼓腹罐一件；罐口处盖有黑釉瓷碗一件。塔察篇古墓出土深绿色釉盖罐一件；罐口为子母口，比礼敦骨灰罐较小，但却很精致。目前，这两个骨灰罐被存放在库房里。

虽然两墓没有发现其他陪葬物，但这却为我们解开了清初墓室的神秘面纱。

尽管经过多次增建、扩建，但永陵规制与其他清帝陵相比，依旧是最朴实简约的。据统计，整座永陵建筑占地面积为九千九百零四点八五平方米，是清朝十二座皇陵中面积最小的。

三、永陵特点

通过对其他清皇陵的比较，永陵的建筑特色主要体现在以下十八个方面：

一、建筑物的名称奇特。虽然永陵的建筑在功能上与其他皇陵相同，但在名称上却有别，也是独有的。比如，永陵的隆恩门叫"启运门"、隆恩殿叫"启运殿"。

二、永陵的下马牌在数量上虽然只有两对，与福陵、昭陵相比少了一对，但永陵的这两对下马牌上镌刻的文字都是五种文字，而福陵、昭陵虽然下马牌有三对，但是只有一对下马牌上的文字是五种文字，另外两对下马牌上镌刻的文字是三种文字。而关内清陵中，所有的下马牌上的文字均是三种，没有五种文字下马牌。因此，永陵的下马牌有自己的特色。

三、大门的规制很奇特。永陵的正红门是单檐硬山顶式建筑，而且建筑比较低矮。它的东、西红门的门样式为豁口开放式，没有门楼，只有两个立柱式砖门垛。正红门及东、西两侧红门的门扇为木栅栏式。而这些都是其他皇陵所没有的。

四、永陵的齐班房、茶膳涤器房都是双重功能。齐班房不仅是守陵官兵休息的地方，还有存放祝板功能；茶膳涤器房不仅有清洗、存放祭祀祭器功能，还兼有制作祭祀用奶茶功能。这些都是永陵独有的。

五、神功圣德碑亭的数量最多。永陵有四座并排的神功圣德碑亭，而别的皇陵最多只有一座。并且永陵的四碑亭与碑亭前祭祀用房距离很近。这是清陵中唯一的特例。

六、神功圣德碑亭规制与众不同。可以主要归纳为七个方面：

（一）建筑规制为单檐歇山顶式。福陵、昭陵以及关内清东陵和清西陵，所有神功圣德碑亭（或圣德神功碑亭）均是重檐歇山顶式。

（二）建筑形体小。福陵、昭陵以及关内清陵相比，永陵的神功圣德碑亭不仅形体小，而且券门只有两个。而福陵、昭陵以及关内清陵神功圣德碑亭（或圣德神功碑亭）均为四券门。

（三）券门石雕刻特殊。永陵神功圣德碑亭门券券脸上雕刻双龙戏珠，门础立石上雕刻有类似犬的坐龙，门券压面石雕刻飞龙，碑亭四角角柱石上雕刻升龙，压面石上雕刻飞龙。这在清陵中是独有的。

（四）四祖神功圣德碑亭所有角柱石、压面石、门券石及其赑屃，全部涂有蓝绿或五彩矿物颜色，这在清陵中是独有的。

（五）永陵神功圣德碑碑文由左至右为汉、满、蒙三种文字镌刻，而福陵、昭陵以及关内清东陵、清西陵均是由左至右为汉、满两种文字镌刻。

（六）永陵四祖的神功圣德碑碑文最后没有皇帝署名。福陵、昭陵以及关内清东陵、清西陵，碑文最后都有皇帝署名。因此，永陵神功圣德碑碑文没有皇帝署名，为清陵中独有的。

（七）永陵神功圣德碑下面的赑屃没有建水盘。福陵、昭陵以及关内清东陵、清西陵的神功圣德碑赑屃下面，均建有水盘。因此，永陵四祖神功圣德碑赑屃下面没有水盘，这在清陵中是独有的。

七、省牲所的位置很特殊。永陵的省牲所位置在永陵前院的西墙外，与西红门相通，这样可以方便快捷地将祭祀供品传递到陵区内。这一点与其他皇陵不一样。

八、永陵膳房门前设有一口水井。目前，这在清陵中是唯一特例。

九、袖壁样式独特。永陵袖壁建在启运门红墙的两侧，并且永陵袖壁墙帽为灰布瓦，图案为彩色陶瓷小构件组成。福陵、昭陵为黄琉璃瓦，图案为琉璃小构件组成。福陵、昭陵袖壁建在大红门红墙两侧，关内清陵均没有建袖壁。故此，永陵袖壁样式为清陵所独有。

十、西配殿作用特殊。永陵的西配殿作用与其他清帝陵西配殿的作用不同，一是启运殿大修时，临时供奉二祖二后神牌。二是供奉着乾隆帝御笔"神树赋"碑。故此，永陵西配殿是清陵中唯一不是祭祀中喇嘛念经的地方。

十一、永陵立有"神树赋"碑。福陵和昭陵各自宝顶上也有一棵"神树"，但却无缘清朝皇帝作赋立碑。故此，永陵这一"神树赋"碑为清陵中独有的。

十二、焚帛炉的规制很奇特。永陵的焚帛炉是青砖青瓦垒砌的，是南开门。这是清陵中唯一的一座砖砌焚帛炉。

十三、月台最简朴。永陵的启运殿前的月台四周及三路踏跺（台阶）两侧没有围护栏杆、栏板。这种情况是所有清陵中唯一的特例。

十四、永陵启运殿月台前丹陛石是素面，没有任何雕刻图案。这在清陵中是唯一的特例。其他清帝、后陵丹陛石，或是雕刻二龙戏珠，或是雕刻龙凤呈祥，没有一座陵寝丹陛石是素面的。

十五、享殿开后门。永陵的启运殿设有一个对券拱后门，这在清陵中是独有的。其他清陵隆恩殿均未设后门。

十六、奇特的宝城形状。永陵的宝城为八角形，院墙上的左右侧各有一个惊雀风铃。这是清陵中唯一的特例。

十七、皇帝与郡王、贝勒同葬一陵。在清陵中，将皇帝与郡王、贝勒葬在一起，且按照中长次幼、左大右小的尊卑顺序排列，以此形成帝系子孙和君臣共葬一陵的做法，永陵是唯一的一座皇陵。

永陵之所以出现这种特殊的葬制，据分析，可能出于以下两个原因：一是，虽然永陵是皇陵，但当初也是家族墓地，符合当时的民族风俗习惯。二是，作为家族的重要成员的陪葬墓主人的战功政绩，不少于景、显二祖的贡献。这种葬制的出现，则能充分表现出了表彰及体现先辈和家族成员的同根同埋、同呼吸共患难的家族观念。

十八、风水围墙简单。永陵只有一道院墙，这道墙即是风水墙又是陵寝围墙，并且比较低矮。而福陵、昭陵除了外面有一道被称为风水墙的围墙外，在陵内还有一道方城城墙。关内清陵更是建有宏伟的风水墙。

永陵正红门西侧的面阔陵墙

四、永陵之谜

虽然永陵是清陵中建筑规制最为简朴的，但由于它是清陵中最早的陵寝，因此，它的历史之谜与其他清陵相比，一点也不少。

据实地考察，永陵有以下八个历史之谜。

（一）坟头为什么是堆土形式？

永陵的墓主人坟头，无论是皇帝的还是陪葬墓的，其地宫顶上的地面部分，都是堆土形式的普通土包。

永陵的地宫与福陵、昭陵的地宫均是康熙初年选定风水并营建的。那么，为什么永陵坟头样式与福陵、昭陵的宝顶样式不一样呢？而且规模相差还很大。

（二）为什么会有衣冠冢？

衣冠冢，又称招魂葬，即坟内并没有真正埋入死者的尸体或骨灰，只是以其生前穿过的衣冠代替尸骨或骨灰而象征性埋葬。其地面上，有一象征性的宝顶，即底座为木制十字架，十字架上挂有一高粱秆做的伞状物。每当永陵大祭时，在肇祖原皇帝坟上插上缠绕五颜六色纸或布的柳枝，以示祭祀。这种经过缠绕的柳枝被称为"坟花"或"佛头"。

在历史上，努尔哈赤的肇祖原皇帝孟特穆不但是确有其人，而且还准确地知道其死后埋葬地点，即死后葬在了朝鲜境内的会宁府以南的"半山

肇祖的衣冠墓

面"，当地人称其墓为猛哥洞古坟。

在清朝，朝鲜一直是附属国，为什么清朝皇帝没有将他的墓迁到永陵而只是设了一个没有封土的衣冠墓呢？是因为经济还是政治原因，目前这还是未解之谜。

（三）皇帝骨灰是否与皇后骨灰同用一个骨灰罐？

据已发掘的两个陪葬郡王、贝勒墓情况看，郡王、贝勒与其福晋骨灰是放在同一个骨灰罐内的，那么，其他三个皇帝的骨灰是否与其皇后骨灰也是与陪葬墓一样，都是存放在一个骨灰罐内的呢？

（四）永陵宝城坟丘地宫为何要重新相度？

据《九朝东华录》记载，永陵后院的地宫是由钦天监杜如预、杨宏量于康熙元年（1662）选定。

而在顺治九年（1652）正月二十九日的《清世祖章皇帝实录》上又有如下记载：

礼部题：福陵、昭陵俱在享殿之内，应照常于享殿内致祭。

至兴京、东京二陵享殿，俱建于前陵寝，既用一垣，凡祭祀时，应在享殿内设祭，开后门，望陵行礼。从之。

按照上述记载，永陵后院的坟丘在顺治九年（1652）以前就存在，并因此在启运殿开设后门以方便祭祀。

因此，这里就出现了这样的一个疑问，既然在顺治九年（1652）以前就有后院坟丘地宫，那么为什么还要重新选定地宫风水位置呢？

（五）两个郡王、贝勒陪葬墓迁走后为什么又被迁回来？

天命九年（1624）三月，葬在永陵的努尔哈赤大伯父武功郡王礼敦及福晋、五叔父恪恭贝勒塔察篇古及福晋等人的骨灰与景祖翼皇帝及其皇后、显祖宣皇帝及其皇后等人的骨灰，被努尔哈赤迁到新建的东京陵内安葬。顺治十五年（1658）九月初八日，景祖翼皇帝及其皇后、显祖宣皇帝及其皇后和这两个郡王、贝勒及他们福晋的骨灰又被迁回永陵安葬。

那么，努尔哈赤大伯父武功郡王礼敦及福晋、五叔父恪恭贝勒塔察篇古及福晋等作为努尔哈赤的家族成员，为什么被迁回永陵而没有留在东京陵呢？

（六）为什么永陵没有设石像生？

与福陵、昭陵相比，永陵没有设石像生。按理说，永陵与福陵、昭陵一样，都是经过后世不断的改建、扩建而成的，为什么当初扩建的时候，没有像福陵和昭陵那样设置石像生、明楼等附属建筑呢？

（七）永陵的宝城墙为什么是八角马蹄形状？

永陵的宝城围墙被建成八角形，由于是半圆八角形，在样式上感觉更像是马蹄状，因此被称为半圆形八角宝城。

那么，为什么永陵的宝成围墙没有设计成半圆形或者弧形而特殊被设计成这种样式呢？

（八）为什么永陵的陵名是最晚被命名的？

永陵的陵名是顺治十六年（1659）九月二十三日命名的。比东京陵命名晚二十五年，比努尔哈赤的福陵命名晚二十三年，比皇太极的昭陵晚十五年。

那么，作为清朝祖陵的永陵为什么命名却晚于其他皇陵呢？

虽然以上所说之谜或许会成为无法揭开的谜团，但笔者还是一一将它们列举出来，一来博得人们对历史的兴趣；二来可为后来研究者提供一个建议性的参考，以便能在查阅历史档案中留心解决这些谜团。

五、墓主人的绝密档案

在清陵中，永陵是入葬人数和入葬皇帝最多的一座皇帝陵，它葬有四位皇帝、四位皇后和一位郡王、一位贝勒及两位福晋，共计十二人（其中两人为衣冠葬）。按照尊卑关系，分葬在上下两层台地中。

下面，先简单介绍一下永陵后院宝城上层台地上的四位主要墓主人的生平：

肇祖原皇帝孟特穆（1370—1433），又名"猛哥帖木儿"，夹谷氏（又作"夹温氏"，金代女真旧姓），汉译"童"（或"佟""仝"），清太祖努尔哈赤六世祖。历任元朝吾都里万户，朝鲜李朝的上护军、管军万户，明朝建州左卫指挥使、都督金事、右都督。明宣德八年（1433）八月十九日，因遭到七姓野人袭击战死遇难，家产和妇女人口等均被抢走，死后被埋葬在朝鲜境内的会宁府附近。清崇德元年（1636）四月十二日，孟特穆被追尊为"泽王"。顺治五年（1648）十一月初五日，孟特穆被追尊为"肇祖原皇帝"，其王妃被追尊为"肇祖原皇后"。

永陵内其墓葬中只葬有孟特穆及皇后的衣冠。

兴祖直皇帝福满（约1506—1566），肇祖原皇帝孟特穆曾孙，清太祖努尔哈赤的曾祖父，曾袭父职任建州左卫都督，世称都督福满。福满生前家族势力的扩大，为其子孙建立后金与大清王朝一统天下奠定了一定的基础。死后葬于尼雅满山岗（即今永陵），后此地被尊为祖陵。崇德元年（1636）四月十二日，福满被追尊为"庆王"。顺治五年（1648）十一月初五日，福满被追尊为"兴祖直皇帝"，其王妃喜塔拉氏都力绩女被追尊为

"兴祖直皇后"。

　　景祖翼皇帝觉昌安，明朝又称其为"叫场""教场""觉昌刚"，肇祖原皇帝孟特穆第四世孙，兴祖直皇帝福满第四子，清太祖努尔哈赤的祖父。觉昌安不但有经商头脑，还具备政治远光和智慧。其侄孙婿阿台与明朝作对。明万历十一年（1583）二月，明朝总兵李成梁率兵讨伐阿台，觉昌安率第四子塔克世赶到古勒寨营救族女，并试图劝说阿台投降明朝。但不幸被明朝李成梁全部误杀死。努尔哈赤责问明朝这件事情，明朝遣使道歉，并给敕书三十道、马三十匹，让努尔哈赤承袭了建州左卫指挥使，以示抚恤。努尔哈赤将觉昌安葬于尼雅满山岗祖陵（即今永陵）。天命九年（1624）四月，迁葬于辽阳的东京陵，顺治十五年（1658）七月，又迁回永陵，葬于兴祖直皇帝福满墓左前位。崇德元年（1636）四月十二日，清太宗皇太极追尊其为"昌王"。顺治五年（1648）十一月初五日，觉昌安被追尊为"景祖翼皇帝"，其王妃被追尊为"景祖翼皇后"。

　　显祖宣皇帝塔克世（约1542—1583），明朝称"他失""塔失"，景祖翼皇帝觉昌安第四子，清太祖努尔哈赤之父。与觉昌安一起被明朝误杀，努尔哈赤将其葬于尼雅满山岗祖陵（即今永陵）。天命九年（1624）四月，又与觉昌安骨灰一起迁葬辽阳东京陵。崇德元年（1636）四月十二日，清太宗皇太极追尊他为"福王"。顺治五年（1648）十一月初五日，顺治帝追尊他为"显祖宣皇帝"，其王妃被追尊为"显祖宣皇后"。顺治十五年（1658）九月，与景祖翼皇帝等人一起从东京陵迁葬回了永陵。

　　永陵的宝城下层台地，被中间素面御路踏跺分为东西两部分。东侧葬有努尔哈赤的大伯父武功郡王礼敦及福晋，西侧葬有努尔哈赤的五叔父恪恭贝勒塔察篇古及福晋。

　　下面，简单介绍一下这两位主要墓主人的生平。

　　武功郡王礼敦，景祖翼皇帝觉昌安的长子，努尔哈赤的大伯父，葬于下级台岸东侧。约生于明嘉靖初年，死于明万历初年。战功显赫，被赐封为"巴图鲁"。死后初葬尼雅满山岗祖陵（即今永陵），后金天命九年

（1624）曾迁葬到辽阳的东京陵，后来不知道什么原因又被迁葬回来。崇德元年（1636）四月十二日，清太宗皇太极念其创业之功，追封其为"武功郡王"，配享太庙。

恪恭贝勒塔察篇古，景祖翼皇帝觉昌安第五子，努尔哈赤的五叔父，生卒年及业绩均失传。死后葬尼雅满山岗祖陵（即今永陵）下级台岸西侧。顺治十年（1653）六月，被追封为"恪恭贝勒"。

第七章

永陵秘史

作为清朝祖陵，永陵启运殿陈设、供奉以及神树，在历史上均有着特殊性和神秘性，而这些往往都是人们极为想了解的不可或缺的历史。

一、启运殿陈设

永陵的主要建筑是启运殿，也是最重要的建筑，因为它既供奉着墓主人的神牌，也是祭祀的主要场所。又因为永陵的主要墓主人为努尔哈赤的四祖四后，所以启运殿的陈设和供奉尤其引人关注。因此，有必要在此重点介绍一下。

启运殿为单檐歇山顶式黄琉璃瓦覆顶建筑，面阔三间，殿前门为四扇，中间两扇为对开，东西两次间各有窗户四扇，殿后门为两扇对开木门。殿内地面原铺设龙毯三块，上盖黄色雨旱笮单三块，下铺苇片三块。其中，龙毯在1947年12月被进驻永陵的解放军官兵剪作鞋垫使用，遂改

启运殿内祭祀场景

为红色腈纶地毯。殿内明间前两根明柱原为浮雕的金龙盘柱，后来改为红油柱。

启运殿内的北面，并排设神龛四座，分别供设肇祖原皇帝、兴祖直皇帝、景祖翼皇帝、显祖宣皇帝及他们的皇后，神牌供奉次序与神功圣德碑亭次序相同，由东往西排列为景祖翼皇帝及皇后、肇祖原皇

启运殿显祖宣皇帝神龛前嵌金丝景泰蓝五供及其黑漆圆几

帝及皇后、兴祖直皇帝及皇后、显祖宣皇帝及皇后。神龛为毗卢帽顶套黄纺丝油单罩，黄色衬布一层，内设宝床、香龛、龙凤被褥、枕、帷幔等。神龛前陈设龙凤宝座八个，祭祀时每个宝座上供奉神牌一个。宝座前设供桌四张，供桌上套黄缎罩。每张供桌上均设有玉爵二、爵垫二、三镶彩箸二、金匙二、金碟二等祭祀用器皿。

此外，供案前还设有黑漆楠木描金圆几二十个，上面摆放嵌金丝景泰蓝五供四套，每套有香炉一台（内置插香），蜡台两个，灵芝花瓶两个。五供原为铜制，乾隆十二年（1747）更换为嵌金丝景泰蓝五供。祭祀时，还要添加供桌、接桌、俎桌，以方便摆放祭品。俎桌面分三格，中间为太牢（牛），两侧为少牢（羊）。殿内两侧还陈放朝灯八盏及星钺等。

永陵祭祀使用的祭器，在乾隆三十八年（1773）前使用的有金器、银器、镀金银器、玉器、铜器、金胎珐琅器、象牙器等。在乾隆三十八年（1773）二月之后，永陵使用的金器被更换成镀金银器。

乾隆三十八年（1773），内务府的一份《三陵现存金银器皿并请交内务府收贮备用金银器皿清单》记载：

永陵钦用奠酒金胎珐琅钟二件，金壶一件，共计重一百一十四两二钱；祭祀现用镀金银器皿四十二件，三镶才筋八双，共计

三百三十九两一钱，均无字，应錾字；银器六百七十四件，共计
八千四百一十九两八钱，内有字器皿三百一十六件，无字器皿
三百五十八件，应錾字；银茶桶一件，折页损坏，应焊补；备用
金器四件，共计二十一两八钱，此内金杯二件，成色不足；银器
三十六件，共计二百九十三两八钱；三镶才乌木箸二双。

王、贝勒坟现用铜器十件，共计九斤十二两八钱，均无字，
应錾字；乌木箸二双。

共计金器七件，银器七百一十件，镀金银器四十二件，铜器
十件，三镶才筋八双，三镶才乌木箸四双，总计七百八十一件。

乾隆三十八年（1773）二月，乾隆帝派内务府郎中祥德、班达尔沙到
盛京，会同盛京将军增海、侍郎瓦尔达，将永陵所使用之金器融化铸成金
条入库，随之以镀金银器皿替代继续使用。

由于这些祭器都是祭祀时所使用，为保持祭器的完整和清洁，就要对
它们进行彻底的清洗，以及破损的修理。因此，每年的七月，盛京的工部
都会派人携带专用器材和药品来永陵"炸洗"一次。每次"炸洗"内容，
不仅包括器皿的清洗，还包括对器皿的修理。如果是开焊开裂，就要对其
进行焊接修补；如果破损严重，无法继续使用，就要呈报兴京副都统衙门
转行盛京工部照原先样式重新制造运送来替补，以备应用。

永陵祭祀使用的这些祭器，平时存放在齐班房内，由总管衙门派八旗
兵看守。盛京副都统到任，会到永陵清点查验，并向皇帝奏报。

永陵祭祀用的祭品种类很多，牛、羊、鸡、鱼、蛋、奶、茶、蔬菜、
水果、油、酒、蜜以及米面等。但由于永陵并没有像关内清陵那样独立设
有内务府、礼部等机构，所以这些物品均需要由盛京户部、盛京内务府、
京师太常寺按照典制向永陵提供。

每逢四时大祭，皇帝都会派人祭祀，即所谓"恭代"，意思是替皇帝
来行礼祭祀。祭祀时，摆放祭品、请神牌、读祝文、献爵等。小祭为每月

朔望，由掌关防官主祭，但十月朔望小祭例外，由总管主祭。祭祀时，打开暖阁门，不请神牌，没祝文，祭品有十二样果品、肉品供桌。

光绪三十一年（1905），永陵大祭改为由兴京副都统主祭。

民国时期，永陵祭祀照样举行，但祭祀规格降低，礼仪、祭品减少。

1945 年，溥仪建立的伪满政权灭亡后，永陵的祭祀自行停止，不复存在。

二、神牌"搬家"

每逢永陵建筑大修，最繁琐和隆重的活动，就是启运殿供奉的神牌奉移到东西配殿这一过程。因为启运殿是供奉神牌和祭祀场所，所以启运殿大修前，需要把启运殿神牌奉移到东西配殿供奉，这样既可以保护神牌不受到维修建筑的干扰，又可以照样按时祭祀。

由于神牌及其陈设，都被视为尊贵圣洁的"神物"，不能亵渎，更不能随意移动。因此，将这些"神物"恭请至东西配殿这一过程，在当时来说，可是一件重大且隆重的事情。

首先，奉移神牌之前，盛京将军要向皇帝请旨。皇帝命钦天监择定吉日吉时通知盛京将军、盛京工部、礼部等相关官员，届期到永陵主持"恭请神牌"活动。因永陵衙门人力有限，因此还要调动兴京城守卫官兵及协领衙门官兵前来协助。按照规定，事先要将恭请的每一物件之事落实到人，按照程序编写好《花名册》上报备案。

吉日吉时一到，盛京将军率领全体官员、执事人员，俱穿朝服、戴朝冠，云集陵前，按品级排列，依次进入启运门。在启运殿前向启运殿行三跪九叩礼，然后由总管、掌关防官率执事人员开启启运殿殿门，将殿内四帝四后八分宝椅一一奉移至殿内东西两侧山墙处排列。其中，肇祖原皇帝、兴祖直皇帝帝后宝椅在东山墙处，肇祖原皇帝帝后居北，兴祖直皇帝帝后居南；景祖翼皇帝、显祖宣皇帝帝后宝椅在西山墙处，景祖翼皇帝帝后居北，显祖宣皇帝帝后居南。将宝椅排列好后再行一跪三叩礼，然后恭请神牌，敬谨安奉宝座之上，再行一跪三叩礼，敬盖黄袱于神牌上，礼毕。

将小暖阁内的神牌奉移开后，开始恭请暖阁及其陈设，即搬迁神龛及其陈设。按照事先登记的《花名册》清点后，按人分工恭请各种物件。恭请物件先后顺序分为十一项：

一是恭请小暖阁。

二是恭请神座。

三是恭请衾枕。

四是恭请被褥。

五是恭请黄锦缎床围。

六是恭请凉席。

七是恭请圆枕。

八是恭请床下脚蹬。

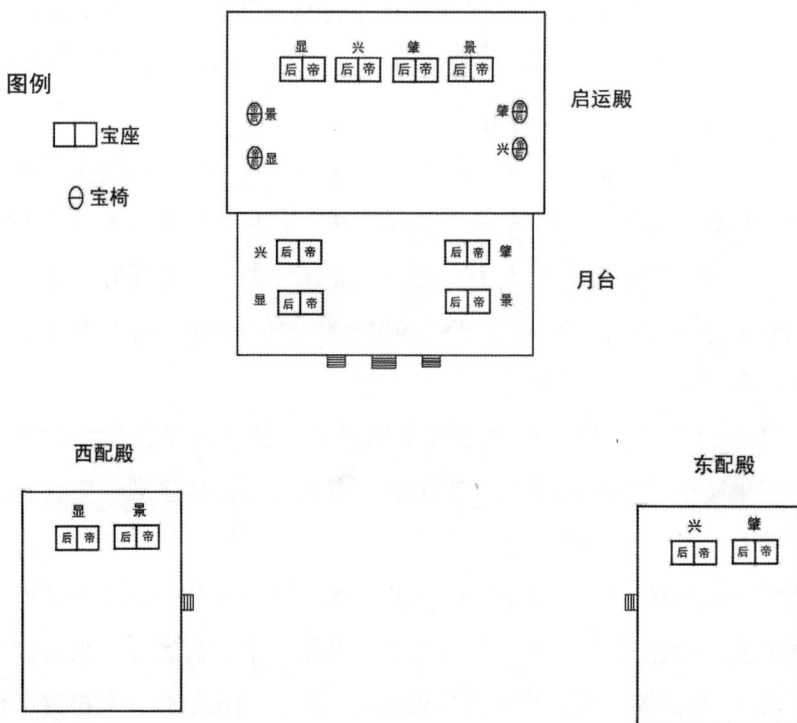

恭请神牌到配殿示意图（绘图：徐鑫）

九是恭请帐幔。

十是恭请铺地黄布乞单。

十一是恭请暖阁外木礓礤。

因启运殿供奉的是四祖四后，故此，同样的工作需要做四次，按照次序恭请，即肇祖原皇帝帝后暖阁物件、兴祖直皇帝帝后暖阁物件、景祖翼皇帝帝后暖阁物件、显祖宣皇帝帝后暖阁物件。每次恭请，都是由不同人员负责。

这些物件被恭请至启运殿前，按照昭穆次序排列。执事人等在启运殿月台下分东西两班，将肇祖原皇帝、景祖翼皇帝帝后神座等物件请出在东排列，兴祖直皇帝、显祖宣皇帝帝后神座等物件请出在西排列。

关防等官员八人由正中神路分为两班，至东西配殿暖阁依次恭递安设。在东西配殿安设暖阁等物件，其顺序与拆卸顺序相反，即原先的最后一项“恭请暖阁外木礓礤”改为第一项，第一项“恭请小暖阁”成为最后一项。安设完毕，各官退出。

当东西配殿安设好了暖阁各物件后，接着奉移复原启运殿其他陈设如五供、供案、朝灯等物，奉移和复原次序与暖阁顺序相同，即也按照肇祖原皇帝帝后、景祖翼皇帝帝后、兴祖直皇帝帝后、显祖宣皇帝帝后次序排列。

最后是奉移神牌入东西配殿暖阁。

关防等官员八人再分进启运殿宝椅前，各行一跪三叩礼，揭开黄袱，手套黄指恭请神牌。按照帝后次序一一跟随出启运殿门槛外。盛京将军、礼部侍郎在东对引，工部侍郎并赞礼郎在西对引，“至正中神道会齐对过分为两对在前”，盛京将军、礼部侍郎恭引至东配殿门槛外侍立，监视供奉；工部侍郎并赞礼郎恭引至西配殿门槛外侍立，监视供奉。供奉完毕，关防等官员关闭小暖阁，各官执事人员至暖阁前，行一跪三叩礼。礼毕，再请八宝座等其他陈设至东西配殿按位陈设。礼毕，诸位大员率领各官员等行三跪九叩礼。礼毕，各自退出。告成。

启运殿修毕，要奏请择吉，恭请神牌还御，即恭请帝后神牌回启运殿供奉。现在，将同治十三年（1874）九月二十四日辰刻恭请神牌还御各项应移等项，按照旧章典礼事宜次序介绍如下：

首先要上奏请旨择吉日吉时。并要在东西配殿前各搭设一座龙棚，龙棚由左清吏司委派员外郎、主事搭设，所用龙席、绳索、颜料等由盛京工部供给。

应请神牌总管、翼长、掌关防、副关防、防御以及执事各项官员皆穿朝服，一进启运门面对启运殿举行三跪九叩礼，按照八旗先恭请宝椅八分。先由东配殿内恭请出宝椅四分在龙棚内，其中肇祖原皇帝宝椅恭请出在南山下在左居西，原皇后宝椅恭请出在南山下在右居东；兴祖直皇帝宝椅恭请出在北山下在左居东，直皇后宝椅恭请出在北山下在右居西。执事官员进东配殿内行一跪三叩礼。肇祖原皇帝神牌恭请在南宝椅居西，原皇后神牌恭请在南宝椅居东；兴祖直皇帝神牌恭请在北宝椅居东，直皇后神牌恭请在北宝椅居西，向神牌各行一跪三叩礼。再由西配殿请出宝椅四分在龙棚内，景祖翼皇帝宝椅恭请出在北山下在左居东，翼皇后宝椅请出在北山下在右居西，显祖宣皇帝宝椅恭请出在南山下在左居西，宣皇后宝椅恭请出在南山下在右居东，执事官员进西配殿内行一跪三叩礼。景祖翼皇帝神牌恭请在北宝椅居东，翼皇后神牌恭请在北宝椅居西；显祖宣皇帝神

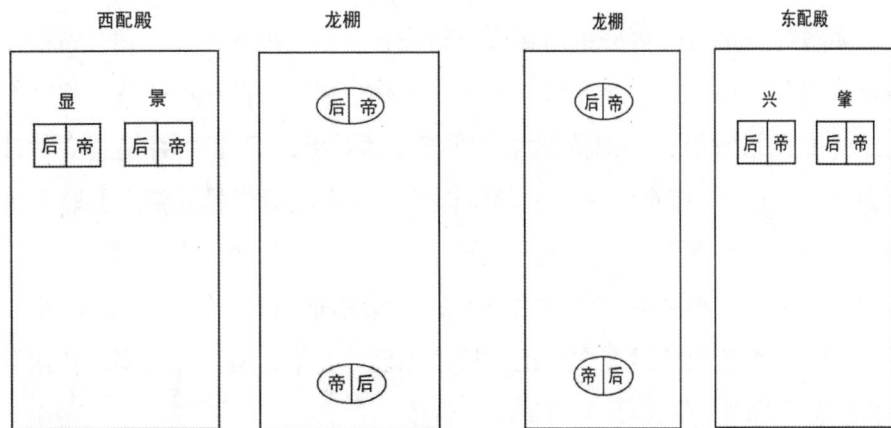

永陵神牌还御过程之龙棚示意图（绘图　徐鑫）

牌恭请在南宝椅居西，宣皇后神牌恭请在南宝椅居东，敬谨安奉宝椅后再行一跪三叩礼。

奉移开神牌后，然后开始恭请肇祖帝后暖阁陈设物件，其过程分为十一步：

一是恭请肇祖原皇帝后暖阁内小暖阁。

二是恭请神座。

三是恭请寝枕。

四是恭请被褥。

五是恭请铺苦床皇锦缎床围。

六是恭请凉席。

七是恭请圆枕。

八是恭请床下脚蹬。

九是恭请帐幔。

十是恭请铺地黄布兑单。

十一是恭请暖阁外木礓磜。

恭请完肇祖原皇帝后暖阁陈设之后，按照相同程序接着恭请兴祖直皇帝后、景祖翼皇帝后、显祖宣皇帝后等暖阁。

执事人等在东西配殿前，分南北两班将肇祖原皇帝后神座、衾枕等项恭请出在南，兴祖直皇帝后神座、衾枕等项恭请出在北排列。西配殿执事人等在殿前分南北两班，将景祖翼皇帝后神座、衾枕等项恭请出在北，显祖宣皇帝后神座、衾枕等项恭请出在南排列。关防等官八人领至启运殿暖阁，依次恭递安设毕，各官退出，关防等官八人再分进东西配殿龙棚宝椅前，各行一跪三叩礼，手套黄指恭请神牌，按照帝后次序一一跟随出龙棚，城守尉在东前引，总管在西前引，至中神路会齐分为两班在前恭引，至启运殿门槛外分东西侍立，监视敬谨供奉，俟关防等官关闭暖阁，各行一跪三叩礼，再由东西配殿龙棚恭请出宝椅八分，奉移至启运殿按位陈设毕，再行三跪九叩礼，礼毕，各退。

兴祖直皇帝墓前的"神树"

值得注意的是，上述清单中并没有介绍启运殿其他陈设的奉移和复原内容。按照程序来说，启运殿其他陈设奉移活动应该在启运殿复原后进行安设，安设好其他陈设后，再恭请四祖四后神牌还御启运殿供奉。礼成之后，还要派人前往验收，上奏朝廷。

三、传奇的"神树"

在永陵，最神奇的就是院内努尔哈赤兴祖直皇帝福满墓前的那棵"神树"。虽然神树早在永陵营建之前就已存在，但它的出名却是在乾隆帝对它的册封以及作了一篇《神树赋》之后。

乾隆十九年（1754）秋，乾隆帝第二次东巡祭祖展谒永陵时，在兴祖直皇帝福满墓前见到这棵异常高大的功德榆树，当时这棵树枝繁叶茂，枝干形状像一条龙，整个树冠像一把巨大的雨伞将整个宝城笼罩。对此，乾隆帝特别高兴，于是册封这棵榆树为"神树"，并作《神树赋》一首：

《神树赋》并序

永陵内肇祖帷藏衣冠，兴祖实奉安龙脉正中，景祖、显祖昭穆左右。兴祖宝鼎前生瑞榆一株，轮囷盘郁，圆覆佳城，尊之曰神树，敬为赋以纪之。

懿乎！启运之为山也，分长白之龙干，结秘圣之神丘，屏纳绿窝集之瑞麓，带苏克苏湖之祥流，是以桥山建鼎，原庙藏蔬，以祀以禋，绵继绳于奕代；卜年卜世，扬光烈于千秋，爰生神树，非柏非松，根从天上来兮，想银河之历历，种岂人间所有？

郁佳气之葱葱，前乎此者，昭灵贶其若彼。后乎此者，垂景佑于无穷。俨若帝谓东王木公日：赫图阿拉兴王之里，山声告庆，繁褆祉乎，丹陵河色呈荣。郁英华乎，白水宜有嘉荫，圆覆鼎湖。如伞如盖，为祯为符。木公承命，咨之女夷，选材去柘，举瑞得榆，是诚兆大清之笃佑，庇万叶而多余才也。尔其天矫茏，闿砢蟠薄，偃仰森沈，离披错落。翩乎轩庭，紫凤翔阿阁傸池，葱蒨绿草丹黄，参查杳蔼，云日风霜，又如禹代御龙游帝乡，夫其贝多菩提建木蟠桃，荒唐谬悠，增庭腾嘲，至夫樗材散木，枯树浮槎，玩世狎物，寓意兴嗟，则何如徵实迹于无斁，表麻应于有逴者哉。乃作颂曰：

巍巍永陵兴王都兮，吉云在上瀹扶疏兮，与地同久霜露濡兮，金幢玉节布以舒兮，荫暄承润永劫俱兮，数叶亿万绵世如兮。

乾隆甲戌秋御制 戊戌秋敬书

显然，乾隆帝以此吹嘘此树非人间所有，能庇佑大清江山万世永存。那么，这棵神树能生长在这里，又是什么来头呢？

关于这棵"神树"的来历，有两个传说故事。

一、满洲人习俗，将先人遗体火化并将骨灰随身携带。有一次，努尔哈赤打败仗后逃到一座村庄的大树下，将父母的骨灰匣子存放在树的枝杈上。后来，他建功立业后返回这里想取回父母的骨灰匣子，发现树下的土已经将骨灰匣子掩埋住，并且骨灰匣子与树枝连成了一体，无法取下来。于是认定这里是他父母最好的安葬地点，切实发展基业的根据地。后来，努尔哈赤当上了汗王，因此就在这棵"神树"生长的地点建造了永陵。

二、据说这棵"神树"上长满了数不清的"树瘿"（俗称树疙瘩）。这些"树瘿"很是神奇，每当一位大清皇帝死去，就会掉下来一个。由于有皇帝的吹捧，相信这种说法的人很多，因此流传很广，被嘉庆年间的礼亲王昭梿写进了《啸亭杂录》里。

乾隆四十三年（1778）八月，乾隆帝第三次东巡祭祖展谒永陵时，在永陵再次见到神树，回忆起二十四年前作的《神树赋》。于是回到北京后，亲笔御书《神树赋》，令人刻碑存于永陵西配殿。乾隆四十三年（1778）十月初六日，大学士于敏中传旨内务府：

> 永陵西配殿内南间南山墙向北立卧碑一座，交御书处刻御笔《神树赋》，刻得时有盛京人顺便带去，交将军弘晌配座安设。钦此。

乾隆四十四年（1779）二月，盛京将军令人将安好须弥底座的"神树赋"碑安放在永陵西配殿内。

虽然永陵的"神树"故事很传奇，乾隆帝也是大为赞美。然而，神树的命运在暮年却屡遭劫难，虽数次大难不死，但最终还是没有能够躲过绝命噩运的到来，在"文化大革命"时期被红卫兵"革命"，被挖掉树根命丧黄泉。

在历史上，永陵神树的命运转折始于同治朝。

同治二年（1863）七月十五日，永陵总管海亮奏报盛京将军玉明，称因连日降雨以及刮风，土质疏松，倒伏的神树树干垂压在启运殿殿顶的后坡之上，甚至将兴祖直皇帝福满墓宝顶和地宫掘起。玉明闻知此事，忙去询问刚参加永陵"中元"大祭回来的副都统景霖，景霖证实情况属实。于是立刻将此事上奏朝廷。

七月二十一日，朝廷令玉明到永陵亲自查看，将详细实情据实上奏，请旨办理。

八月初二日，玉明上奏朝廷："永陵神树斜压殿宇，树根露出土外，带动宝顶南面脱落，情形重大，风水攸关，已饬令守陵官员，暂时用'龙席'将宝顶南面遮护，将神树以柱木支撑保护。"玉明在奏折中请求朝廷派"大员"勘办。朝廷闻报后，派钦差大臣基溥、阜保会同玉明勘察办理。

经过研究，钦差大臣基溥与玉明决定保护神树、殿宇和宝顶，应该采取如下这三项措施：

一、为了防止神树压坏启运殿，用一梁二柱式托架将神树树干托住，糟朽的树枝清除，以此减小对启运殿殿顶的压力。

二、修复兴祖直皇帝福满墓损坏的地宫和宝顶，按照原样"敬谨归安"地宫，地宫上面用"净土"培修圆整。

三、守陵官员要仔细观察，每隔三个月将神树保护现状向盛京三陵总管衙门汇报一次。

九月十五日，负责办理神树事宜的钦差大臣基溥等人上奏朝廷："神树的倾倒情形与玉明所奏相符，打算将树身吃重处用直径一尺左右柱木支架稳固，糟朽树枝略为清理，宝顶砖墓培修圆整。择于九月十六日兴工，初八日取土。启运殿后坡压伤起错，因本年方向不宜，从缓兴修。"

十月初二日，神树的保护和宝顶、地宫等维修工程告竣。

同治三年（1864）四月二十五日，神树的老树干上又长出了新芽。玉明将此事上报朝廷，并画了一幅彩图进呈朝廷。

光绪元年（1875），永陵神树的倾斜度再次增大，这给启运殿的安危造成新的压力。于是，再次增加一道一梁二柱托架。光绪二年（1876），早先的那道托架已是"木植糟朽"，上面粉刷红漆退旧，所用"铁伴、铁

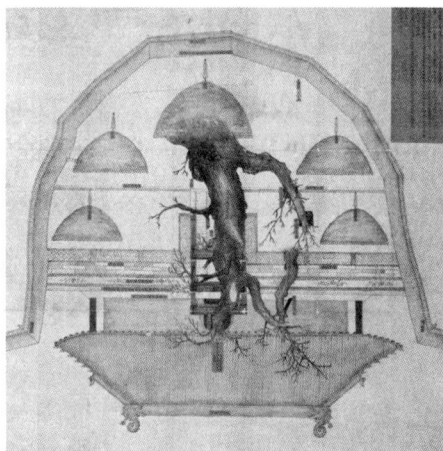

盛京将军玉明绘制的永陵"神树"彩图

页均有咸烂"，守陵官员将此事上报兴京副都统，转呈盛京工部更换。由于修建方位与本年不宜，更换工程只能推迟到明年。光绪末年，本已经倒伏干枯的神树，其主干居然又长出新树枝，当时人们认为这是大清帝国起死回生的先兆，然而，大清帝国还是没有像老树生芽复生，延长统治生命。

1947年12月初，解放军四十二军（五纵队）十四师四十二团教导队

清末期间将要倒的神树

进驻永陵，住宿在启运殿。因天气寒冷，战士们将殿内龙毯剪毁做鞋垫。为了烤火取暖，教导队队长李德清带兵砍倒这棵已入暮年的神树，烧柴取暖。此事被军部查知，队长李德清被开除党籍，行政撤职，全军通报，全军整顿一星期，学习政策，教育官兵学习保护文物古迹。随后，驻陵军队撤出。

永陵神树虽然遭到了致命打击，奄奄一息，命在旦夕，但还尚能苟喘余生，命悬一线，不肯结束生命的最后一刻。而彻底毁灭神树，万复不劫，则是在 1966 年 7 月。

永陵西配殿内神树遗物

1966 年 7 月 10 日，永陵二中红卫兵来到永陵造反破旧。砸坏了供奉在西配殿的"神树赋"碑边沿，拆毁了焚帛炉，刨掉了显祖宣皇帝墓宝顶封土，挖除了神树树根等。

后来，为了见证历史，人们将神树的部分残留树干保存在永陵西配殿内，并在原址上补栽了一棵新的榆树，以令其美好的传说故事还能继续流传下去。

附

录

附录1

福陵神功圣德碑碑文

　　惟天眷祐，下民绥靖，方域笃生。我皇曾祖太祖高皇帝，肇兴东土，奋师一旅，式辟皇图，大武布昭，深仁洋溢，用造我国家万亿年丕丕基。骏德鸿功，于烁显懿，驾轶亘古。予小子纂承洪绪，既奉册宝，崇上尊谥，载辑徽猷，炳垂方策，惟陵寝宜有功德之碑，敬述大略，永勒贞珉。叙曰：

　　太祖承天广运圣德神功肇纪立极仁孝睿武弘文定业高皇帝，姓爱新觉罗氏，讳弩尔哈齐，先世发祥长白山之阳，祯符神贶，历著休徵，至皇始祖肇祖原皇帝，式廓旧业，寖炽寖昌，又五传至显祖宣皇帝，世济其勤，流长积厚。景运懋集，神器攸归诞启。我太祖高皇帝，显祖之长子也，宣皇后娠十有三月乃生，龙颜凤目，丰颐大耳，天表玉立，举止非常。少不饮酒嬉戏，称为聪睿贝勒，及长骑射绝伦，雄略盖世，用兵无敌，而又至诚，御物大度容人。先是有望气者言：满洲将生圣人，统一诸国。至是满洲长白山，及东海扈伦诸部落，争相雄长。癸未春，苏克苏浒河部图伦城，有尼堪外兰者，阴构明军首逞大难于我，时太祖皇帝年二十有五，泣血誓师，枕干问罪，以遗甲十三副攻尼堪外兰，克图伦城，复攻之于甲板诛诺米纳、奈哈达，取撒尔湖城。时异己猜忌包藏祸心，伺间窃发天威，所慑罔弗，兽惊鸟散。遂俘兆佳城长李岱，取马儿墩，平定董鄂、哲陈、浑河等部。丙戌秋，擒斩尼堪外兰于鹅尔浑城。戎首服辜，先声震叠，环境诸国相继削平，既而叶赫、哈达、吴喇、辉发、科尔沁国、席北、卦尔察、朱舍里、纳殷路九姓之国，合兵三万人分道来侵，侦者夜告，太祖皇帝安寝达旦，蓐食济师，歼其渠首，余部皆溃，斩级四千，获马三千匹，铠胄千副，群方詟服。乃增筑城壖，修饬法制，创制国书，开金银矿铁冶，所产玭珠织皮，通厥贸易，财用殷阜，肇立军制，师律精严，国势日盛。丙午冬，蒙古五部落尊太祖为神武皇帝，岁时朝贡，络绎相望。而哈达、辉发、乌喇、数渝盟，先后征讨，悉定其地。每当军行，辄见五色云亘天祥光，四塞立奏钜功远迩，詟服益四旗为八，设固山、梅勒、甲喇、牛录额真，递相统辖，命佐领下各出牛种屯田，积谷贮仓。置理政听讼大臣，缓刑慎狱，野无剽窃，路鲜拾遗，国中大治，帝业已成，贝勒大臣集议劝进。丙辰春正月，恭上尊号曰：覆育列国英明皇帝，建元天命，时年五十有八。越二年，定策征明，明政久弛，弃绝和好，援我仇雠，荡摇我边陲。于是誓告有众，类帝祃旗而行。遂拔抚顺降台堡五百所，继下清河。明大举称兵会于沈阳，号四十七万，张左右翼，左翼以杜松、王宣、赵梦麟、张铨由浑河出抚顺关，马林、麻岩、潘宗颜由开原合叶赫兵出三岔口，右翼以李如柏、贺世贤、阎鸣泰由清河出鸦鹘关，刘綎、康应乾合朝鲜兵出宽奠口，向董鄂四路来侵。太祖皇帝分精骑奋击，大破其众，五日而悉歼之。城界凡，取开原，破铁岭，灭叶赫。五年，克辽阳、沈阳，定议建都，始筑东京，寻取广宁、拔抚顺。十年，迁都沈阳。由是东渐海西，讫辽南及朝鲜，北暨嫩、乌龙江，以至使犬、诸落诸路罔不臣服。

太祖皇帝神武天锡，决几制胜，变化若神。每战辄单骑深入，裹创斩馘，神色不动。善驾驭材雄，推心置腹，抚纳降附，弃捐忿隙，恒予擢用，法所当坐，虽亲昵罔所私，攻拔城邑，严禁军士，安辑居民，是以群策竞奋率土思归。御极以后，拓地开疆，日不暇给，而躬勤于听览，留神于载籍，修德纳谏，亲贤远奸。建二木于门，俾下情欲达者，书之以进。尚宽大崇节俭，睦宗亲厚风俗。重农桑赈穷乏，垂示典训，荡平正直，允为万世法程，猗欤盛哉！天命十一年八月庚戌崩，圣寿六十有八，在位十有一年，天聪三年二月己亥葬福陵天柱山，崇德元年四月上尊谥：承天广运圣德神功肇纪立极仁孝武皇帝，庙号太祖。康熙元年四月加上尊谥。于戏！有明德衰，海宇板荡之时，生民颠隮之会，我太祖皇帝应运蹶生，手提天戈，披榛辟莱，栉风沐雨，扫边陬如破竹，定辽左若建瓴，戡乱求宁，非富天下，功极于配，天道隆于昌，后历稽曩代创业垂统之君，未有迈此缔造优勤，经纶宏远者也。瞻赫濯之如新，抚承平之永赖，歌思光烈，曷馨名言，谨拜手稽首而作颂曰：

天造大邦，勃兴东极。

长白山高，苞符开辟。

玄鸟生商，履武诞稷。

奕叶炳灵，肇基王迹。

太祖龙飞，旋乾转坤。

齐徽炎昊，比烈羲轩。

时惟草昧，陟巘降原。

一成奋起，雷动云屯。

蠢尔仇方，敢作牙蘗。

赫斯一怒，恭行天伐。

寝甲枕鞍，神勇迅发。

巨憝授首，戎心式遏。

奇谋倜傥，远略深沉。

内构者挫，外讧者禽。

单师十百，摧彼强邻。

九邦溃糜，四路扫尘。

携贰则诛，归诚则抚。

义问宣昭，仁施恩普。

大畏小怀，实扬我武。

来庭来王，日辟疆土。

疆土既辟，历数在躬。

膺图受箓，响应景从。

三才协轨，百灵潜通。

指麾荡涤，振落发蒙。

觇敌乌集，济师冰泮。

夹日贯月，卿云紃缦。

不义是征，功成惟断。

秉钺称干，帝心厌乱。

环山负海，风靡云披。

朱旗疾卷，汗马争驰。

后我斯恫，歌舞迎师。

纪元颁朔，建策开基。

爰定军营，森罗鹅鹳。

步伐止齐，井牧相捍。

爰建国都，屹峙屏翰。

扼吭拊背，皇居攸焕。

爰命分职，勖哉臣邻。

爰慎折狱，恤哉祥刑。

爰达民隐，韬铎重陈。

爰制国书，蚪斗更新。

訏谟孔彰，风规浑噩。

禹誓汤征，千秋继作。

声灵覃敷，东西南朔。

大统乃膺，新命乃廓。

既诒既翼，如镐如丰。

九围是式，万国来同。

卜年卜世，惟太祖功。

巍巍荡荡，昭格苍穹。

右享郊坛，敷时思绎。

炳耀图书，辉煌球璧。

景瞻福陵，神丘是宅。

百川萦朝，群山拱揖。

葱茏王气，松揪郁苍。

玉衣永镇，弓剑长藏。

亿载顾慕，春露秋霜。

树兹穹碑，锡嘏无疆。

　　　　　　　　康熙二十七年十二月初五日　孝曾孙嗣皇帝玄烨谨述

　　　　　　　　　　　选自《清实录·圣祖仁皇帝实录》

附录2

努尔哈赤后妃表

顺序	位号、封号、谥号	姓氏	名字	民族	生父	谥号全称	入宫日期	最后册封日期或上谥号日期	出生及死亡日期	享年	生育子女	葬地	入葬日期
1	孝慈高皇后	叶赫纳喇氏	孟古姐姐（或孟古格格）		叶赫贝勒杨吉努	孝慈昭宪敬顺仁徽懿德庆显承天辅圣高皇后	明万历十六年（1588）九月	崇德元年（1636）四月追尊上谥曰：孝慈昭宪德纯顺承天育圣武皇后，顺治元年（1644）九月升上谥，康熙元年（1662）四月改上敬顺仁祔太庙。曰：孝慈昭宪敬顺仁庆显承天辅圣高皇后	明万历三年（1575）生。三十一年（1603）九月二十七日	29	子1	沈阳福陵	天聪三年（1629）二月
2		乌拉纳喇氏	阿巴亥		乌拉贝勒满泰	追赠孝烈旋恭敏献哲仁和赞天儷圣武皇后	明万历二十九年（1601）十一月	顺治七年（1650）八月多尔衮追尊上谥号如上。升祔太庙。八年（1651）二月因多尔衮获罪，夺谥号罢庙享	明万历十八年（1590）庚寅生。命十一年（1626）八月十二日	37	子3	沈阳福陵	天聪三年（1629）二月

顺序	位号、封号、谥号	姓氏	名字	民族	生父	谥号全称	入宫日期	最后册封日期或上谥号日期	出生及死亡日期	享年	生育子女	葬地	入葬日期
3	元妃	佟佳氏	哈哈纳札青		塔本巴晏						女1 子2		
4	继妃	富察氏	衮代		莽塞杜诸祜						子3 女1	天聪三年（1629）二月迁沈阳，再葬福陵之旁。顺治元年（1644）二月改葬于福陵外	
5	寿康妃	博尔济锦氏		蒙古族	科尔沁贝勒后封和硕图郡王孔果尔		明万历四十三年（1615）正月		康熙四年（1665）十二月二十五日卒				
6	侧妃	伊尔根觉罗氏			札亲巴晏						女1 子1	福陵妃园寝	

续表

顺序	位号、封号、谥号	姓氏	名字	民族	生父	谥号全称	入宫日期	最后册封日期或上谥号日期	出生及死亡日期	享年	生育子女	葬地	入葬日期
7	侧妃	叶赫纳喇氏	孝慈高皇后之妹		叶赫贝勒杨吉努						女1		
8	侧妃	博尔济锦氏		蒙古族	科尔沁贝勒明安		明万历四十年（1612）正月					沈阳福陵	顺治元年（1644）二月
9	侧妃	哈达纳喇氏			哈达万汗（见显祖前妃次妃）之女孙贝勒祜尔干（即明实录之都督金事虎尔罕亦）		明万历十六年（1588）四月						
10	庶妃	兆佳氏			喇克达						子1		

续表

顺序	位号、封号、谥号	姓氏	名字	民族	生父	谥号全称	入宫日期	最后册封日期或上谥号日期	出生及死亡日期	享年	生育子女	葬地	入葬日期
11	庶妃	钮祜禄氏			博克瞻						子2		
12	庶妃	嘉穆瑚觉罗氏	真哥		贝勒泽巴晏						子2 女3		
13	庶妃	西林觉罗氏			奋杜里哈斯祜						子1		
14	庶妃	伊尔根觉罗氏			察弼						女1		
15			阿济根										
16			德因泽										

努尔哈赤皇子表

出生顺序	排行顺序	名字	出生日期	生母	最后封号	死亡日期	享年	谥号	葬地	葬入日期	备注
1	皇长子	褚英（或褚燕）	明万历八年（1580）庚辰生	元妃佟佳氏	广略贝勒	万历四十三年（1615）闰八月死死所	36		东京陵	天命九年（1624）四月	
2	皇二子	代善	明万历十一年（1583）七月初三日寅时	元妃佟佳氏	礼烈亲王	顺治五年（1648）十月十一日丑刻	66	烈			乾隆十九年（1754）九月，入祀盛京贤王祠。四十三年（1778）正月配享太庙，特诏改现袭爵位之康亲王，复始封王号曰：礼。世袭罔替
3	皇三子	阿拜	明万历十三年（1585）八月十五日丑时	庶妃兆佳氏	镇国将军	顺治五年（1648）二月二十一日巳刻	64	勤敏			康熙四十年（1701）五月追赠镇国公

203

出生顺序	排行顺序	名字	出生日期	生母	最后封号	死亡日期	享年	谥号	葬地	葬入日期	备注
4	皇四子	汤古代	明万历十三年（1585）十一月初四日子时	庶妃钮祜禄氏	镇国克洁将军	崇德五年（1640）九月二十九日	56	克洁			顺治时追谥
5	皇五子	莽古尔泰	明万历十五年（1587）丁亥	继妃富察氏	原封贝勒	天聪六年（1632）十二月初一日暴疾死	46				天聪九年（1635）十二月被告发生前私造金国皇帝印，图谋不轨，追削爵，除宗籍
6	皇六子	塔拜	明万历十七年（1589）二月十八日戌时	庶妃钮祜禄氏	辅国将军	崇德四年（1639）八月初九日申刻	51	悫厚			顺治十年（1653）五月追晋辅国公，谥悫厚
7	皇七子	阿巴泰	明万历十七年（1589）六月十六日午时	侧妃伊尔根觉罗氏	饶馀郡王	顺治三年（1646）三月二十五日酉刻	58	敏			康熙元年（1662）二月，赠以子岳乐晋封亲王，如其爵

续表

出生顺序	排行顺序	名字	出生日期	生母	最后封号	死亡日期	享年	谥号	葬地	葬入日期	备注
8	皇八子	皇太极	明万历二十年(1592)十月二十五日申时	孝慈高皇后	太宗文皇帝	崇德八年(1643)八月初九日亥刻	52	太宗应天兴国弘德彰武宽温仁圣睿孝敬敏昭定隆道显功文皇帝	沈阳昭陵	顺治元年(1644)八月十一日	
9	皇九子	巴布泰	明万历二十年(1592)十一月初十日卯时	庶妃嘉穆瑚觉罗氏	镇国公	顺治十二年(1655)正月二十二日巳刻	64	恪僖			
10	皇十子	德格类	明万历二十四年(1596)丙申	继妃富察氏	原封多罗贝勒	天聪九年(1635)十月初二日夜暴疾死	40				天聪九年(1635)十二月以生前与莽古尔泰谋逆,追削爵,除宗籍
11	皇十一子	巴布海	明万历二十四年(1596)十一月二十八日酉时	庶妃嘉穆瑚觉罗氏	原封镇国将军	崇德八年(1643)八月二十三日造匿名帖统辖都察罕,害其妻子皆伏法	48				崇德七年(1642)八月,以怨望削爵(怨根没有达到他的期望,前去爵位),除宗籍

续表

出生顺序	排行顺序	名字	出生日期	生母	最后封号	死亡日期	享年	谥号	葬地	葬入日期	备注
12	皇十二子	阿济格	明万历三十三年（1605）七月十五日	大妃乌拉纳喇氏	原封英亲王	顺治八年（1651）十月十六日因出怨言赐死	47				除宗籍
13	皇十三子	赖慕布	明万历三十九年（1611）十二月二十四日巳时	庶妃西林觉罗氏	奉恩将军	顺治三年（1646）五月十一日巳刻卒	36	介直			顺治十年（1653）五月追晋辅国公，谥介直
14	皇十四子	多尔衮	明万历四十年（1612）十月二十五日寅时	大妃乌拉纳喇氏	皇父摄政王	顺治七年（1650）十二月初九日戊刻	39	忠			顺治八年（1651）正月十九日升祔太庙。二月二十一日被属下苏克萨哈等首告生前逆迹，遂削帝号，夺庙享，革世袭爵，除宗籍。乾隆四十三年（1778）正月特诏，昭雪复宗爵，还原封王爵，世袭罔替，补谥曰忠

续表

出生顺序	排行顺序	名字	出生日期	生母	最后封号	死亡日期	享年	谥号	葬地	葬入日期	备注
15	皇十五子	多铎	明万历四十二年（1614）二月二十四日戌时	大妃乌拉纳喇氏	辅政叔德豫亲王	顺治六年（1649）三月十八日黄刻病痘卒	36	通			乾隆四十三年（1778）正月追复亲王，配享太庙，并命现袭爵位之信郡王复始封王号曰豫
16	皇十六子	费扬古		疑亦继妃富察氏		天聪九年（1635）十二月莽古尔泰等逆谋之狱所牵也					太宗时获大罪伏法，并削宗籍

附录4

努尔哈赤皇女表

出生顺序	排行顺序	名字	出生日期	生母	最后封号	册封日期	下嫁日期	下嫁年龄	额驸姓名	死亡日期	享年	备考
1	皇长女	东果格格，亦称东果公主	明万历六年（1578）二月二十二日戌时	元妃佟佳氏	固伦公主		万历十六年（1588）	11	栋鄂氏和和礼	顺治九年（1652）七月	75	天命九年（1624）八月夫亡
2	皇二女	嫩哲格格，亦称沾河公主	明万历十五年（1587）	侧妃伊尔根觉罗氏	和硕公主		天命初年	30	达尔汉	顺治三年（1646）七月	60	顺治元年（1644）四月夫亡
3	皇三女	莽古济，称哈达公主，亦称哈达格格	生于明万历十七年间	继妃富察氏			第一次出嫁于明万历二十九年（1601）正月；第二次出嫁于天聪元年（1627）十二月		嫁已灭哈达部落纳喇氏乌尔古代；散博尔济汉锦氏喷诺木杜陵	天聪九年（1635）九月格格罪诛	约47	天聪九年（1635）九月以骄暴削格格号为庶人，禁与亲戚家往来

续表

出生顺序	排行顺序	名字	出生日期	生母	最后封号	册封日期	下嫁日期	下嫁年龄	额驸姓名	死亡日期	享年	备考
4	皇四女	穆库什，和硕格格，亦称和硕公主	明万历二十三年（1595）	庶妃嘉穆瑚觉罗氏	革和硕公主		万历三十六年（1608）九月；万历四十七年（1619）后离异，改嫁，后由兄巴布泰、弟巴布海养赡	14	乌拉部落贝勒纳喇氏博尔占泰；额亦都第八子图尔格	顺治十六年（1659）五月	65	崇德二年（1637）五月，坐女与贝子尼堪妻有罪。革和硕公主。与图尔格离异
5	皇五女		明万历二十五年（1597）	庶妃嘉穆瑚觉罗氏			万历三十六年（1608）	12	额亦都之子党奇	万历四十一年（1613）四月	17	党奇，又称达启。太宗元妃亲弟也。既娶皇五女，恃宠骄慢。父额亦都怒之，以告太祖原，而无罪
6	皇六女		明万历二十八年（1600）	庶妃嘉穆瑚觉罗氏			万历四十一年（1613）	14	叶赫纳喇氏苏鼐	顺治三年（1646）九月	47	崇德五年（1640）三月，夫亡
7	皇七女		明万历三十二年（1604）三月初十日子时	庶妃伊尔根觉罗氏	乡君品级		天命四年（1619）十月	16	骑都尉纳喇氏鄂托伊	康熙二十四年（1685）四月	82	崇德六年（1641）四月，夫亡

续表

出生顺序	排行顺序	名字	出生日期	生母	最后封号	册封日期	下嫁日期	下嫁年龄	额驸姓名	死亡日期	享年	备考
8	皇八女		明万历四十年（1612）十二月初七日戌时	侧妃叶赫纳喇氏	和硕公主		天命十年（1625）正月	14	喀尔喀台吉博尔济锦氏固尔布锡	顺治三年（1646）二月	35	
9	养女	巴约特格格	明万历十八年（1590）六月二十一日	继福晋瓜尔佳氏	和硕公主		天命二年（1617）二月	28	喀尔喀巴约特部台吉博尔济锦氏恩格德里	顺治六年（1649）四月	60	太祖弟王舒尔哈齐第四女
10	养孙女		明万历四十年（1612）七月十六日午时	王佳氏	和硕公主	天命年间，抚养宫中，号腌（zhūn）哲公主	天命十一年（1626）五月	15	嫁科尔沁台吉博尔济锦氏奥巴；天聪六年（1632）九月夫亡，后改嫁台吉博尔济锦氏巴达礼	顺治五年（1648）	37	太祖从子，台吉后封恪僖贝勒，图伦第二女

附录5

永陵四祖神功圣德碑碑文

（一）肇祖原皇帝的神功圣德碑文（永陵）

肇祖原皇帝碑文

粤稽书称观德书咏，发祥莫不由本支，而溯厥初生，祈享假以垂夫来叶。既隆报本之典，亦昭受命之符。惟我肇祖原皇帝暨原皇后，德合天地，功配阴阳。似后稷丰始，周谟同帝尝，肇开唐业，启迪列圣，雄图衍百禩家传。默祐冲人。大统懋九围帝业，顾瞻陵庙弥严。祗敬之心，镌勒碑铭，益笃灵承之庆。卜年卜世，光华宣著千秋；以祀以禋，继述遐昌奕代。昭垂有永，申锡无疆。

顺治十二年六月吉日立

（二）兴祖直皇帝的神功圣德碑文（永陵）

兴祖直皇帝碑文

稽承家之遐庆，溯开国鸿图。积德累仁，发祥有自。肇基垂统，锡祉无疆。洪惟我兴祖直皇帝暨直皇后，诞树厥德，丰宣乃武。虽大勋未集，而经纶已建；当草昧初开，而谟烈允光。令绪昭垂，皇图式启。迨予冲人，承兹丕绪。莅九土之率从；合万邦之爱戴。陵原重建，洽笃祐之欢心；庙貌鼎新，彰开天之盛烈。永锡遐祚，万祀承休。

顺治十二年六月吉日立

（三）景祖翼皇帝的神功圣德碑文（永陵）

景祖翼皇帝碑文

粤稽祖德攸崇，爰启承家之绪。宗功有永，益隆笃祜之思（《清朝文献通考》一书，为"恩"字。而笔者考察碑文，确为"思"字）。盖追盛业，以溯开天。宜纪鸿勋，以昭受命。既彰发祥之有日； 更由锡福之无疆。洪惟我景祖翼皇帝暨翼皇后，弘谟大烈，厚泽深仁。虽未集耆定之勋而丕宣有象，实始建经纶之业而式廓用光。令绪丕昭，已见六州归命； 皇图肇造，先占率土倾心。原庙重新，弓剑衣冠皆起羹墙之慕； 山陵永奠，子孙臣庶咸蒙佑启之仁。爰勒丰功，作本支之百世； 载扬休烈； 锡嘉祉于千秋。继述遐昌，昭垂不替。

顺治十八年九月初八日立

（四）显祖宣皇帝的神功圣德碑文（永陵）

显祖宣皇帝碑文

盖惟天肇一代之运，必著开先启后之勋； 垂圣百世之模，必有积德累仁之实。丕基方建，缔造惟勤。大业式弘，骏鸿宜勒。用申报本之典，益章受命之符。洪惟我显祖宣皇帝暨宣皇后，文谟丕显，武烈载扬。流星华渚，已乘赤日之祥； 申绕辰枢，更兆神龙之瑞。吊皇献肇启，大勋未遍于寰区； 而帝绪昭垂，圣德实留乎奕祀。桥山载阙，百千载无斁明禋； 原庙重新，亿万年用镌令烈。承庥有永，佑祚无疆。

顺治十八年九月初八日立

参考书目

《清实录》，北京：中华书局，1985 年 11 月。

《清太祖武皇帝实录》，北平故宫博物院印行，北平故宫博物院出版，1932 年。

《满洲老档》，中国第一历史档案馆、中国社会科学院历史研究所译注，北京：中华书局，1990 年 3 月。

《崇德三年满文档案译编》，季永海、刘景宪译编，沈阳：辽沈书社出版，1988 年 10 月。

《清皇室四谱》，唐邦治编，癸亥年冬十月，上海聚珍仿宋印书局排印。

《努尔哈齐写真》，陈捷先著，台北：远流出版事业股份有限公司，2003 年 6 月。

《爱新觉罗家族全书》，李治亭主编，长春：吉林人民出版社，1997 年 5 月。

《重译满文老档·太祖朝》，沈阳：辽宁大学历史系，1978 年 9 月。

《努尔哈赤传》，阎崇年著，北京：北京出版社，2006 年 5 月。

《一宫三陵档案史料选编》，辽宁省档案馆编，沈阳：辽海出版社，2003 年 5 月。

《盛京皇宫和关外三陵档案》，杨丰陌、赵焕林、佟悦主编，沈阳：辽宁民族出版社，2003 年 7 月。

《沈阳福陵志》，沈阳一宫两陵志编撰委员会编著，沈阳：辽宁民族出版社，2006 年 10 月。

《沈阳福陵》，李凤民、陆海英编著，沈阳：东北大学出版社，1996 年
1 月。

《话说福陵》，李凤民编著，沈阳：东北大学出版社，2004 年 7 月。

《兴京永陵》，李凤民主编，陆海英、傅波副主编，沈阳：东北大学出版
社，1996 年 3 月。

《清永陵志》，抚顺人民政府地方志办公室、抚顺市社会科学院、新宾满
族自治县清永陵文物管理所编，沈阳：辽宁民族出版社，2008 年 12 月。

《话说永陵》，李凤民编著，沈阳：东北大学出版社，2004 年 7 月。

后　记

痛并快乐着

对于努尔哈赤这位历史人物的认识，在 2012 年之前，我的思维仅停留在"统一女真，开国立业"的印象中。因此，对于努尔哈赤以及关外三陵，其实我并没有太多的了解和研究。2012 年因为准备新书《大清皇陵私家相册》中的关外三陵部分，我首先选择了从皇太极及其陵寝入手，开始收集关于皇太极以及清初的史料，开始对我之前可以说知之甚少的清初历史和陵寝进行认识、思考、研究，最终写成了《皇太极陵历史之谜》一书。虽然这本书还存有很多不完善、不精细之处，但它对我的研究来说可谓意义非凡。可以说，是这部著作引领我走进了一片新天地，激发了我对清初历史的兴趣，开始了我对关外三陵的深入研究。

在研究清初历史和关外三陵的时候，努尔哈赤是一个无法回避、不能绕开的人物，他既是后金国的建立者，也是大清国的奠基人。因此，我对努尔哈赤这个历史人物的认识、思考逐步深入、细致和提高。通过研读今人著作和原始档案，我逐步在脑海里形成了对这个人物的基本认识，探索了一些关于他及其陵寝身上附着的一些历史之谜，例如对他的称呼，我认同努尔哈齐这个更科学、更符合历史史实的名称。但在《皇太极陵历史之谜》书稿中，因为描写努尔哈赤的篇幅不多，故按照旧的说法称其为"努尔哈赤"，与大陆专家学者著作对努尔哈齐的称呼保持了一致。但当时在心里就已思考过，日后必定要写一本名为努尔哈赤及其陵寝的著作。这种想法存在心里长达三年，2012 年 5 月，把想法与好友李宏杰说起，得到了他的肯定和支持。

时间到了 2014 年春末，我开始有意识地收集更多关于努尔哈赤及其陵墓的著作和原始档案。经过通读这些著作和档案，形成了《努尔哈赤陵及清祖陵历史之谜》一书的基本写作框架和构思。但是，在写作过程中，我有一种心有余而力不足的感受，切实感受到了此书难以下笔的痛楚。说句实话，自己水平真是太有限了，在写《皇太极陵历史之谜》时就已渐显吃力，而现在面对写努尔哈赤及其陵寝，更是体会深刻。究其原因，主要有二：

一、历史原因，原始档案的欠缺。作为清初陵寝，规制不仅不完善，还比较特殊，现在能见到的建筑又都是经过清朝数百年改建和扩建的。但这些关于改建和扩建的原始档案却很少，只能在《清实录》《大清会典》《盛京通志》《上谕档》等少数档案中见到一些零星杂乱的记载，很难将其一一串联、捋顺形成一个完整的发展过程。而且清初三陵的建筑功能和管理机构，有些又与关内清陵不同。究其原因，还是清初陵寝的管理制度不够完善健全，或是清朝统治者故意隐晦了一些重要信息。再加上后期原始档案丢失严重，致使有些陵寝的建筑、规制、管理机构、职能等情况到现在都无法考证清楚，仍属于未解之谜。

二、相关著作虽多，却杂乱无章、舛讹百出。虽然世人介绍关于努尔哈赤及其陵寝的著作不少，但都存在着内容简单重复、相互抄袭、错误百出、以讹传讹等问题。更有甚者，在同一本著作中，前后观点竟大相径庭、相互矛盾。这样，不仅很难让人对这些著作的选材、观点信服，还让原本就已模糊不清的史实更加混沌。

世上无难事，只怕有心人。好在我具有啃骨头的执着精神。面对眼前的写作困难，我采取了步步为营，一天攻克一块的笨方法。在每一天的写作结束的夜里，我躺在炕上，首先对今天一天的写作像放电影一样在脑海里回放一遍，看看有啥新意和欠缺的地方，再对之前写过的内容加以回放和思考，看看前后文与上下章节之间的过渡是否自然，以及明天或者下一步想写什么，该写什么和能写什么，与之前文稿的整体构思有无需要改动的地方。为了明天或下一步的写作，我还需要搜集哪些资料和档案，等等。由于我采取了这种原始和笨拙的方法，每天的工作效率很低，有时候写作不过一二百字。尽管如此，我在内心不断地鼓励自己：不要放弃，这不每天都有新的进步吗？即使进步很小，但还是进步着。

虽然研究写作对我来说有这样和那样的困难，但我觉得仍然是快乐的。在每天单调码字的过程中，自己对历史的理解和梳理，以及发挥灵感，如同万马奔腾般源源不断融汇在排排字体之中。而当一些历史疑难问题被发现和解决，更是忍不住沾沾自喜。比如说在《满文老档》中发现记载努尔哈赤因罪废弃大福晋原文，其原文提到不杀大福晋原因是怕其所生三子一女悲伤，由此可知，努尔哈赤被废大福晋应该为富察氏。不仅如此，写作的快乐还在于自己的汗水是在书写和继续着历史新篇章。自己写的书稿，不是小说，而是探索历史、还原历史、记录历史，无形中告诉后人现在这个时代有一种为延续历史而做的不懈努力。这也是一种另类的人生体验，自己不仅将生命和汗水融入其中，而且还将这种快乐和生命传递给社会上的众多爱好和平和文化的人们。还有，写作的快乐还在于与朋友的认识和交流。每次写作，都离不开读书和查档案，以及与朋友的交流，这也是认识和发展朋友的一种新途径。

历史是什么？是过去的现实；现实是什么？是将来的历史。历史是由档案、古迹、文字、图片等承载的。也正由于此，自己除了阅读和翻看档案外，更多时间是对历史古迹的调查，由兴趣而阅读，由兴趣而写作，由写作而调查。对于福陵，由于现实条件所限，在调查中往往会大量拍摄图片供欣赏和观察，这就是所谓好记性不如烂笔头，烂笔头不如拍图片。这也是爱好历史古迹的最大好处和乐趣。也正由于此，历史和古迹爱好者群体日益壮大，文保爱好者和志愿者全国各地比比皆是。通过大量查阅档案，探访古迹，拍摄图片，我加深了对清初女真社会的了解，也更深层次地了解了努尔哈赤，为自己更好完成此次写作打下了坚实的基础。

在此书写作过程中，最应该感谢的还是我的父亲徐广源，我所用图片和档案资料，大多数都是他提供的。还有，我阅读和参考了很多专家学者的著作，他们是北京的学者阎崇年，台湾学者陈捷先，原沈阳故宫专家李凤民、陆海英等。对此，我对他们表达深深的感谢。同时，我要特别感谢四川眉山的代奎先生，他既是一位历史老师，还是清陵文化爱好者，购买了我的所有书，因共同爱好相识于网络，是我的忠实粉丝，虽未谋面，但神交已久，现在已经是很要好的朋友。在这部书稿完成之后，他不仅帮助我校对了书稿，还帮助我梳理文稿脉络，提出了一些自己独特的见解。最后还要感谢朋友张明哲、贾嘉、陈赫、李宏杰、冯建明、王志阁等，以及其他不知名的朋友，谢谢他们对我的支持和帮助。

思正书屋　一粒小尘土

2014 年 10 月